„K-Pop-Wörterbuch ist eine witzige Sammlung von alltäglichen Wörtern und Sätzen, die häufig in K-Pop und K-Drama vorkommen und die über die Grenzen der Untertitel hinausgehen. Als Youtuber, der die sich ständig wandelnde koreanische Unterhaltungswelt analysiert, denke ich, dass dieses Buch für jeden, der sich für K-Pop und K-Drama interessiert, sehr nützlich sein wird."

- Stephanie Ishler, Hallyu Back -

K-Pop Wörterbuch :
Unverzichtbare Begriffe und Ausdrücke in K-Pop, K-Drama, koreanischen Filmen und Shows!

979-11-88195-82-4

Woosung Kang

Daebak! Hallo an alle K-Pop-Fans! Willkommen auf deiner Reise durch die fantastische Welt des K-Pop. Bist du zufällig ein Fan von BTS? (Wenn du ein A.R.M.Y. bist, dann schrei laut!) Oder von BLACKPINK? Hm, du weißt wahrscheinlich schon, wer deine *Lieblingsbias* ist, wer der Maknae der Gruppe mit den meisten *Aegyo* ist? Ach ja, und welches Mitglied ist für das *Visual* zuständig?

Natürlich macht euch keine Sorgen, wenn ihr nichts von dem, was ich gerade gesagt habe, verstanden habt. Das ist genau der Grund, warum es dieses Buch gibt: Um alle Ausdrücke, die neuesten Modewörter, die Umgangssprache und Neologismen, die in K-Pop, K-Drama, Filmen, Sendungen und Serien verwendet werden (war nicht zuletzt Squid Game ein Hit?), zusammenzufassen und leicht zu erklären.

Allerdings wäre es nicht ausreichend, nur die Bedeutung eines Wortes zu lernen, oder? Wie du vielleicht schon anhand des Titels erraten hast, ist dieses Buch nicht einfach nur ein Wörterbuch. Es erklärt dir, in welchen Situationen ein Wort oder eine Redewendung verwendet wird, was die Etymologie, aber auch die verborgene Nuance ist, sowie den historischen und kulturellen Kontext in Korea.

Die verschiedenen Beispiele und lustigen Illustrationen erklären dir im Detail, wie ein bestimmtes Wort oder ein Ausdruck im Alltag verwendet wird. Nach der Lektüre wirst du endlich all die Dinge verstehen, die dir bisher verschlüsselt erschienen (sogar die Klischees aus K-Dramen!).

Daher kannst du die Trends und Gespräche von K-Pop-Fans auf der ganzen Welt verfolgen. In gewisser Weise geht es nicht nur darum, Koreanisch zu lernen, sondern eine Sprache zu erlernen, die allen K-Pop-Fans gemeinsam ist.

Wenn du beim Anschauen eines K-Dramas oder beim Hören von K-Pop eine Blockade hast, dann schlage dieses Buch auf! Diese *Gogooma*-Blockade wird dir wie ein *Saida* entkorkt. Ah, ja! Auch wenn du kein Koreanisch sprichst und dich mit K-Pop nicht auskennst, keine Sorge! Es wurde alles so vorbereitet, dass jeder alles leicht verstehen kann.

Unverzichtbare Begriffe und Ausdrücke in K-Pop, K-Drama, koreanischen Filmen und Shows!

- 500 wichtige Begriffe und Ausdrücke
- Wie man es ausspricht? Herunterladbare mp3-Datei mit der genauen Aussprache durch eine koreanische Sprecherin.
- Warum verwenden wir diesen Ausdruck? Die Bedeutung, die versteckte Nuance, der kulturelle Ursprung.
- Wann und wie verwendet man ihn? Üben Sie anhand von Gesprächsbeispielen!
- Ein Bild sagt mehr als tausend Worte! Lustige Illustrationen zum besseren Verständnis!

Hwaiting!

Wie man dieses Buch verwendet

❶ 애교 Ae Gyo ❷ ❸ [ae-gyo]

❹ Eine kokette Geste, um niedlich zu erscheinen.

Ein Wort, das aus der Verschmelzung der chinesischen Schriftzeichen "**Ae 애 愛**" für "Liebe" und "**Gyo 교 嬌**" für "Schönheit" zusammengesetzt ist. Bezeichnet den Akt, seine Zuneigung und seinen Charme durch niedliche Gesten oder auch eine kindliche Stimme zu zeigen.

Beispiel:

❺ Yuna: (mit kindlicher Stimme) Oppa! Hey, hey, gib Yuna ein Küsschen!
Heinrich: Wenn du für mich tanzt!
Yuna tanzt wie ein 5-jähriges Kind.
Heinrich: Du bringst mich wirklich zum Schmelzen mit deinem *Ae Gyo*!

❶ Dies ist das koreanische Alphabet, Hangeul:

Zwischen den Silben befinden sich Leerzeichen, um die Aussprache leicht unterscheiden zu können. In der Schrift können die Wörter ohne Leerzeichen geschrieben werden.

❷ Das englische Skript ist wie folgt angegeben:

(Hinweis: Es kann mehrere Versionen der Schrift geben, die von K-Pop-Fans am häufigsten verwendete Version wird hauptsächlich dargestellt)

❸ Die koreanische Aussprache wird wie folgt angegeben:

(Hinweis: Es ist nicht möglich, die koreanische Aussprache zu 100% in das Alphabet zu übertragen.

❹ Definition des Begriffs.
Erklärungen zur Etymologie, zu versteckten Nuancen und zum kulturellen Kontext.

❺ Erfahre anhand von Beispielen, wie K-Pop-Fans es verwenden.

❻ Lustige Illustrationen zum besseren Verständnis.

Die mp3-Datei hier herunterladen!
newampersand.com/kpopgermany

das Hangul 한글

DAS LESEN UND AUSSPRECHEN DES KOREANISCHEN ALPHABETS:

Sejong Daewang 세종대왕 - der Erfinder von Hangeul.

Vokalen

ㅏ	a	ㅐ	æ
ㅑ	ya	ㅒ	yæ
ㅓ	ŏ	ㅔ	e
ㅕ	yŏ	ㅖ	ye
ㅗ	o	ㅘ	wa
ㅛ	yo	ㅙ	oæ
ㅜ	u	ㅚ	we
ㅠ	yu	ㅝ	wŏ
ㅡ	ŭ	ㅞ	ue
ㅣ	i	ㅟ	wi
		ㅢ	ui

Konsonanten

ㄱ	k/g	ㄲ	kk
ㄴ	n	ㄸ	tt
ㄷ	t/d	ㅃ	pp
ㄹ	r/l	ㅆ	ss
ㅁ	m	ㅉ	jj
ㅂ	b/p		
ㅅ	s		
ㅇ	Ø/ng		
ㅈ	j		
ㅊ	ch		
ㅋ	k		
ㅌ	t		
ㅍ	p		
ㅎ	h		

애교 Ae Gyo [ae-gyo]

Eine kokette Geste, um niedlich zu erscheinen

Ein Wort, das aus der Verschmelzung der chinesischen Schriftzeichen "**Ae 애 愛**" für "Liebe" und "**Gyo 교 嬌**" für "Schönheit" zusammengesetzt ist. Bezeichnet den Akt, seine Zuneigung und seinen Charme durch niedliche Gesten oder auch eine kindliche Stimme zu zeigen.

Beispiel:
Yuna: (mit kindlicher Stimme) Oppa! Hey, hey, gib Yuna ein Küsschen!
Heinrich: Wenn du für mich tanzt!
Yuna tanzt wie ein 5-jähriges Kind.
Heinrich: Du bringst mich wirklich zum Schmelzen mit deinem *Ae Gyo*!

애교살 Ae Gyo Sal [ae-gyo-sal]

Der Teil unter dem unteren Augenlid

Das Wort bezeichnet den Teil unter dem unteren Augenlid, der sich von dunklen Ringen oder Tränensäcken unterscheidet, die durch Alkohol, Schlafmangel oder Fett verursacht werden. Das **Ae Gyo Sal** befindet sich direkt unter dem unteren Augenlid und über den Augenringen und Tränensäcken. Das **Ae Gyo Sal** wird mit Hilfe von Schönheitsoperationen gebildet, bei denen Fett (meist aus dem Bauch entnommen) oder Filler injiziert wird, und bewirkt eine Verjüngung und Vergrößerung der Augen.

Beispiel:
Jenny: Hey, deine Augen sehen anders aus!
Tina: Ach ja? Ist das sehr auffällig? Tatsächlich hatte ich eine *Ae Gyo Sal*-Operation in der Klinik.

아닥 A Dak [a-dak]

"Halt die Klappe"

Zusammenziehung von "**A Ga Ri 아가리** (vulgärer Ausdruck für den Mund) **Dak** Chyeo 닥쳐 (Imperativ des Ausdrucks "Halt die Klappe")", was wörtlich übersetzt "Halt die Klappe" bedeutet. Ein ziemlich aggressiver und kriegerischer Ausdruck. Dieser Ausdruck wird jedoch meist unter engen Freunden verwendet und ist eher ein Zeichen der Vertrautheit als eine Beleidigung. Achten Sie jedoch darauf, ihn nicht zu übertreiben, da dies zu Gewalt führen kann.

Beispiel:
Max: Onkel! Ich habe gestern etwas Seltsames auf deinem Schreibtisch gefunden....
Jay (der Onkel): *A Dak*! Halt hier an.

아아 / 뜨아 Ah Ah / Tteu Ah [a-a / ttŭ-a]
"Iced Americano Coffee" / "Hot Americano Coffee"

Neologismus aus der Zusammenziehung von "Iced 아이스드 eiskalt"
und "Americano Coffee 아메리카노 커피 länglicher Kaffee" / "Tteu
Geo Woon 뜨거운 heiß" und "Americano Coffee 아메리카노 커피
länglicher Kaffee" Wird normalerweise von Jugendlichen verwendet,
aber auch von der mittleren Altersgruppe, um jünger zu wirken.

Beispiel:
Der Großvater: Kannst du mir einen Kaffee bringen?
Die Enkelin: Ein *Ah Ah* oder ein *Tteu Ah*?
Der Großvater: Ich weiß nicht, was das ist, vergiss es, ich werde Wasser trinken.

아이씨 A I Sshi [a-i-sshi]
"Verdammt!"/"Scheiße!"

Ein Ausdruck, der verwendet wird, um ein Gefühl der Verzweiflung,
Überraschung oder Wut zu zeigen. Englischsprachige verwechseln
dies manchmal mit dem Ausdruck "I see" (Ich sehe).

Beispiel:
A I Sshi! Ich konnte die Karten für das Konzert nicht kaufen.

아점 A Jeom [a-jŏm]
Brunch

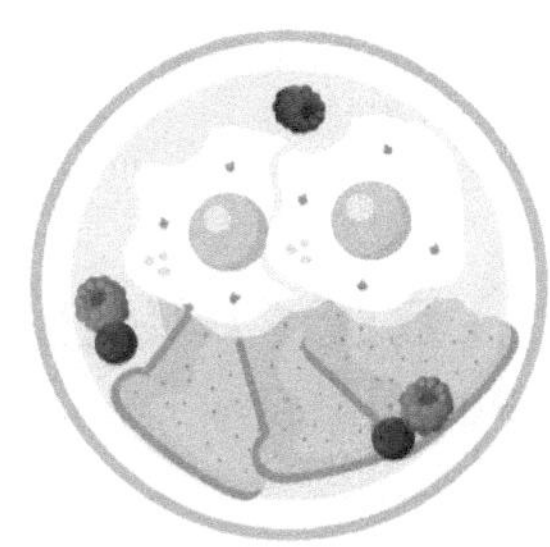

Verschmelzung von "A Chim 아침 Frühstück" und "Jeom Shim
점심 Mittagessen" als Bezeichnung für den Brunch. Einige
unterscheiden zwischen **A Jeom** und Brunch auf lustige Weise:
wenn das Essen nicht außergewöhnlich ist, nennen sie es **A Jeom**;
wenn das Essen so hervorragend ist, dass es auf Instagram
veröffentlicht wird, nennen sie es Brunch. Das liegt daran, dass
viele Leute denken, dass englische Wörter mehr Klasse haben.
Yes. Really.

Beispiel:
Taeho: Schatz! Komm, wir gehen frühstücken!
Minji: Frühstück? Es ist schon 11:30 Uhr!
Taeho: Dann ist das wohl das Mittagessen.
Minji: Es ist eher ein *A Jeom*, oder?
Taeho: Das hängt davon ab, was man isst.
Minji: Eier Benedict und ein Glas Champagner?
Taeho: Dann ist es ein Brunch!

After School Club
Eine Fernsehsendung. Eine Online-Talkshow im Fernsehen mit Live-Musikwünschen

Eine Live-Fernsehsendung von Arirang TV, die von Kevin Woo, Jae und Park Jimin moderiert wird. Es handelt sich um eine Sendung, die die Musik sendet, die die Zuschauer hören möchten. Die Sendung wird in Englisch mit koreanischen Untertiteln ausgestrahlt. Die Sendung ist bei internationalen K-Pop-Fans, die Koreanisch lernen möchten, sehr beliebt, da sie online angesehen werden kann. Sie wird auch mit ihren Initialen ASC bezeichnet.

Beispiel:
Um über K-Pop Koreanisch zu lernen, gibt es kein Programm, das so effektiv ist wie der *After School Club*.

A.R.M.Y
Der Name des offiziellen BTS-Fanclubs

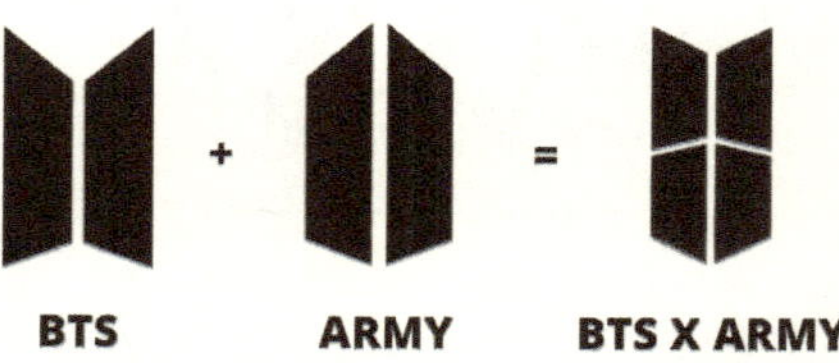

Abkürzung für **A**dorable **R**epresentative **M**.C. for **Y**outh. **A.R.M.Y.** bedeutet auch "Militär" und bezeichnet damit das riesige Fandom, das aus BTS-Fans aus der ganzen Welt besteht. Da das Symbol von BTS die kugelsichere Weste 방탄 조끼 ist (denn der alte Name von BTS war Bang Tan So Nyeon Dan 방탄 소년단 "Bulletproof Boy Scouts"), erinnert der Name auch daran, dass BTS und sein Fanclub immer zusammen sind wie ein Soldat und seine Weste. Da sie über das Stadium eines einfachen Fanclubs hinausgewachsen sind, veranstalten sie bedeutungsvolle Aktivitäten zu internationalen Problemen wie Rassismus oder Umweltverschmutzung, indem sie ihre Kräfte bündeln.

Beispiel:
Das Mädchen: Mama! Ich bin bei der *A.R.M.Y.* angemeldet!
Die Mutter: In die Army?
Die Tochter: Nein! Im BTS-Fanclub!

American Hustle Life
Reality-Show mit BTS

Eine 8-teilige Reality-Show, die von Mnet ausgestrahlt wurde und in Los Angeles zu Beginn der Karriere von BTS spielt. Die Zusammenfassung der Sendung lautet: Die Mitglieder von BTS glauben, dass sie für ein neues Album in die USA reisen, aber in Wirklichkeit verbringen sie 24 Stunden in Los Angeles mit Hip-Hop-Tutoren, um die echte Hip-Hop-Kultur zu verstehen und vollständig zu erleben, indem sie verschiedene Aufgaben erfüllen.

Beispiel:
American Hustle Life ist der Grund, warum BTS heute existiert!

아놔 A Nwa [a-nwa]

"wtf", "Oh, Mann...", "Alter...!"

Der Satzanfang: "**A, Na** Jeong Mal Hwa Nan Da **아, 나** 정말 화난다
Ah, ich bin wirklich verärgert" Sollte normalerweise "**A Na**"
geschrieben werden, aber die Aussprache "**A Nwa**" ist lustiger. Ein
Ausdruck, der automatisch herauskommt, wenn man wütend oder
genervt ist. Ohne den Rest des Satzes zu sagen, reicht der Anfang
"**A Nwa...**" aus, um den Gesprächspartner wissen zu lassen, dass man
nicht in guter Stimmung ist.

Beispiel:
So Hee: Schatz, komm her und sieh dir das an!
Kai: Was ist denn los?
So Hee: Ich habe den Stecker des Computers aus Versehen herausgerissen...
Kai: *A Nwa...*

애빼시 Ae Bbae Si [ae-ppae-shi]

Person mit vielen Ae Gyo

Zusammenzug von "**Ae Gyo Bbae** Myeon **Si** Che 애교 빼면 시체
(ohne Ae Gyo nur eine Leiche ist)", bezeichnet eine Person voller
Ae Gyo.

Beispiel:
Wonmi: Schatz, ich liebe dich! Hey hey <3 <3
Hojoon: Was ist los? Warum bist du heute so voll mit Ae Gyo?
Wonmi: Aber nein, nicht nur heute! Das ist jeden Tag so *^_^*.
Hojoon: Das stimmt. Deshalb nennen dich die Leute *Ae Bbae Si*.

애인 Ae In [ae-in]

Person, die man liebt

Ein Wort, das aus den chinesischen Schriftzeichen "**Ae** 애 愛"
für "Liebe" und "**In** 인 人" für "Person" zusammengesetzt ist.
Unterschied zu einem Freund oder einer Freundin: Denke daran,
dass ein Freund oder eine Freundin ein **Ae In** (ein Geliebter
oder eine Geliebte) sein kann, aber ein **Ae In** nicht unbedingt ihr
Freund oder ihre Freundin ist.

Beispiel:
Hye: Schatz. Bin ich deine Freundin?
Cheolsoo: Äh, nein.
Hye: Was ist denn? Was bin ich dann für dich?
Cheolsoo: (verwirrt) Ähm ... *Ae In*! Ja, das ist es! Du bist eine *Ae In*!
Hey: Okay... Du hast also eine Freundin?
Cheolsoo: Ich werde nur in Anwesenheit meines Anwalts sprechen.

Age Line

Personen, die im selben
Jahr geboren wurden.

97 Age Line

99 Age Line

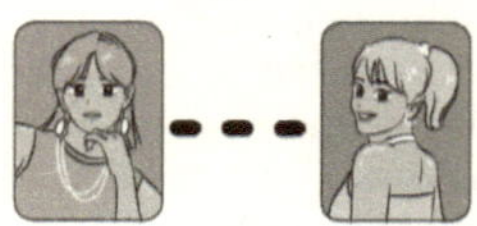

Ausdruck, der Personen zusammenfasst, die im
selben Jahr geboren wurden. Wird verwendet, indem
man nach den letzten beiden Ziffern des
Geburtsjahres das Wort "**Age Line**" hinzufügt.

Beispiel:
Ara : Hallo, Leute! Mein Name ist Ara. Ich bin in 1994 geboren. Meine Blutgruppe ist AB.
Yumi, Jihun, Tony: Wir sind alle von 94. Willkommen beim neuen Mitglied der 94 *Age Line*!

아이구/고 A I Goo / A I Go [a-i-gu / a-i-go]

"Hoppla!" / "Oh, mein Gott!"

Ausdruck, um Verärgerung, Verzweiflung, Scham
usw. zum Ausdruck zu bringen. Wird auch verwendet,
um jemanden zu tadeln oder zu schikanieren.

Beispiel:
A I Goo! Ich habe vergessen, meine Hausaufgaben zu machen.
A I Go! Was für ein Idiot!

아재 A Jae [a-jae]

Person, die ihrer Zeit hinterherhinkt

Gangwon-do Dialekt des Wortes "A Ju Sshi 아저씨", das einen
Mann mittleren Alters oder einen verheirateten Mann
bezeichnet. Wird auch verwendet, um einen Mann anzurufen,
den man nicht kennt. Kann im Deutschen mit "Herr" übersetzt
werden, ohne die Nuance zu enthalten.
Das Wort wird in letzter Zeit auch verwendet, um einen
veralteten Stil oder eine Person zu bezeichnen, die ihrer Zeit
hinterherhinkt.

Beispiel:
Michael: Das Geld, das Opa am liebsten mag? Das ist "halmoni"! Lach*.
Brian: Aber was für ein *A Jae*...

*Anmerkung: "halmoni" bedeutet auf Koreanisch "Oma", aber "moni" wird im Englischen wie
"money" ausgesprochen.

아재 개그 A Jae Gae Geu (Gag)

"Kalauer", "Sparwitz" [a-jae-gae-gŭ]

Ein Wort, das sich aus dem Wort "**A Jae**" und dem englischen "**Gag** (Witz)" zusammensetzt und alte Witze bezeichnet, die eher Unbehagen und Schwere als Lachen hervorrufen. Unabhängig vom Alter wird eine Person, die diese Art von Witz macht, sofort zu einem A Jae.

Beispiel:
Man wird 20 Jahre alt, wenn man *A Jae Gags* macht.

아줌마 A Jum Ma / A Joom Ma

Verheiratete Frau/ Frau mittleren Alters [a-jum-ma]

Das Wort bezeichnet eine verheiratete Frau/eine Frau mittleren Alters mit übermäßiger Dauerwelle und Locken, die sich wie Instantnudeln kräuseln. Neben der lexikalischen Bedeutung kann es je nach Kontext eine subtile Nuance enthalten. Das Wort "**A Jum Ma**" enthält nämlich eine pejorative Konnotation von "grobe und rohe Frau" oder auch "laut" Man kann also eine unhöfliche junge Frau erniedrigen, indem man sie "A Jum Ma" nennt. Schließlich kann es auch verwendet werden, um eine Kellnerin mittleren Alters in einem Restaurant anzurufen, auch wenn man in letzter Zeit eher "Unnie 언니 (Wort, um eine ältere Schwester anzurufen, wenn man eine Frau ist)" oder "Imo 이모 (Tante)" verwendet.

Beispiel:
Hul! Diese *A Jum Ma* hat dem alten Mann den Platz weggenommen!
Hast du das gehört? Jenny ist eine echte *A Jum Ma* geworden, seit sie geheiratet und ein Kind bekommen hat!

아저씨 A Ju Sshi / Ah Ju Ssi [a-jŏ-ssi]

Name für einen verheirateten Mann/einen Mann mittleren Alters

---

Vergleichbar mit A Jum Ma, aber mit weniger pejorativer Bedeutung. Man kann ihn verwenden, um einen Mann anzurufen, den man nicht kennt. Es kann unhöflich sein, einen jungen Mann "**A Ju Sshi**" zu nennen, da das Wort wie A Jae die Konnotation von "überholte oder zurückgebliebene Person" hat.

Beispiel:
Ashley: *A Ju Sshi*! Kann ich dich nach dem Weg fragen?
Kyuwon: Äh... Ja... Aber ich bin erst 18 Jahre alt... :'(

악녀 Ak Nyeo [ak-nyŏ]

Weibliche Figur, die die Hauptfigur leiden lässt

Ein Wort, das sich aus dem chinesischen Schriftzeichen "**Ak 악 惡**" für "das Böse" und "**Nyeo 녀**" für "Frau" zusammensetzt. Bezeichnet einen schlechten weiblichen Charakter in K-Dramen oder Filmen, der alle Arten von Schaden anrichtet und die Hauptfigur leiden lässt.

Beispiel:
Hyun Ji spielt die Rolle der *Ak Nyeo* in diesem Drama großartig. Ist sie auch im wahren Leben so?

악플 Ak Peul [ak-pŭl]

Ein hasserfüllter Kommentar

Ein aus dem chinesischen Schriftzeichen "**Ak 악 惡**" für "das Böse" und dem englischen "**re**p**ly**" zusammengesetztes Wort, das böswillige Kommentare in Online-Artikeln (und anderen) über eine bestimmte Person bezeichnet. Diese Kommentare haben zu Selbstmorden von Prominenten und anderen gesellschaftlichen Problemen geführt. Sie sind auch die Hauptursache für die Kriege zwischen Fanclubs, die als "Fan Wars" bezeichnet werden.

Beispiel:
Mira war ganz aufgeregt, als sie herausfand, dass sie über 200 Kommentare zu dem Foto hatte, das sie gepostet hatte, aber sie war schockiert, als sie feststellte, dass es alles *Ak Peuls* waren.

악플러 Akpler [ak-pŭl-lŏ]

Person, die hasserfüllte Kommentare hinterlässt

Neologismus aus dem Wort "**Ak Peul 악플**" und dem englischen Suffix "**-er**", um die Person zu bezeichnen, die die Handlung ausführt: Akpler. Bezeichnet schlechte Menschen, die online Hassreden hinterlassen, die sie im wirklichen Leben nicht sagen könnten, weil sie sich auf die Anonymität im Internet verlassen.

Beispiel:
Der da drüben, der sieht so normal aus, aber ich habe gehört, dass er ein riesiger *Akpler* im Internet war!

알바 Al Ba / Ar Ba [al-ba]

"Mini-job"

Die Verkürzung des deutschen Wortes "arbeit", das "Arbeit"
bedeutet, bezeichnet die Halbtagsstelle (traurig, weil er seinen
Chef fürchtet).

Beispiel:
Sangmi: Hey, es ist Freitag, was wirst du machen?
Taeho: Ich muss *Al Ba* bis zum Morgengrauen machen... :'(

All-Kill

Bezeichnung für "auf allen wichtigen Websites für Musikdownloads gewinnen"

Bezeichnet das Erreichen des ersten Platzes auf allen großen
Musikstreaming-Websites wie Melon, Soribada, Dosirak. Es ist
einfach, einen "**All-Kil**" auf dem Daily Chart (Tagesrangliste) zu
erreichen, aber viel schwieriger auf den Weekly/Monthly Charts
(Wochen- oder Monatsrangliste).

Beispiel:
Wow! Der neue Song unserer Oppa hat einen *All-Kill* in den Daily Charts geschafft!

안무 An Moo [an-mu]

Choreographie

Hauptkomponente des Erfolgs eines Idols neben "visual"
und "fan service" Damit ein Album populär wird, braucht
es eine Choreografie, die zum "Konzept" der Musik
passt, und es gibt viele Fälle, in denen eine gut gemachte
Choreografie in Mode kommt und ein großer Erfolg wird.
Das gilt z. B. für "Tell Me Dance" von den Wonder Girls
oder auch für den Pferdetanz von Psy.

Beispiel:
Mina: Hul! Hast du das *An Moo* vom neuen Lied der Oppas gesehen? Das ist super sexy!

안물안궁 An Mool An Goong [an-mul-an-gung]

"Ungefragt und nicht einmal neugierig darauf."

Kontrahierter Ausdruck, zusammengesetzt aus "**An Mool** Eo Bom 안 물어봄 ich habe nicht gefragt" und "**An Gung** Geum Ham 안 궁금함 ich bin nicht einmal neugierig zu wissen", sehr effektiv gegen einen Freund, der ständig über Dinge redet, die man ihn nicht gefragt hat.

Beispiel:
Jinsoo: Ich bin heute Morgen um 7 Uhr aufgestanden und habe einen Kaffee getrunken, um 8 Uhr habe ich geduscht und bin dann um 10 Uhr zum Sport gegangen und um 12 Uhr ...
Yoosun: *An Mool An Goong*... hör jetzt auf.

안습 An Seup [an-sŭp]

"Weinen"

Zusammenziehung von "**An** Gu E **Seup** Gi Ga Chan Da 안구에 습기가 찬다", was wörtlich übersetzt "Meine Augäpfel füllen sich mit Feuchtigkeit" bedeutet, eine humorvolle Art zu sagen "Meine Augen füllen sich mit Tränen" Bezeichnet das automatische physische Phänomen als Reaktion auf ein sehr schockierendes oder trauriges Ereignis, wie z. B. zu erfahren, dass sein Lieblingsidol in die Armee eingetreten ist. Man kann diesen Ausdruck auch verwenden, wenn man eine Person in einer miserablen Situation sieht.

Beispiel:
Hyomin hat ein Blind Date gemacht und sie hat aus Versehen vor ihm gefurzt. Ha, das ist wirklich *An Seup* :'(

Andromeda

"Den Kopf verlieren"

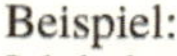

Bezieht sich auf die Galaxie Andromeda im fernen Kosmos. Bezeichnet eine Person, die sich irrational und gegen den gesunden Menschenverstand verhält, dass sie "ihren gesunden Menschenverstand nach Andromeda geschickt hat", dass sie den Verstand verloren hat, als ob ihr gesunder Menschenverstand weit weg durch die Galaxie gegangen wäre.

Beispiel:
Ich habe gestern Abend betrunken meinen Chef angerufen. Ich hatte meinen Kopf nach *Andromeda* geschickt.

안돼 An Dwae [an-doæ]

"Auf keinen Fall!"

Drückt auch Überraschung, Angst oder Schock aus.

Beispiel:
Der Freund: Kann ich heute Abend in einen Club gehen?
Die Freundin: *An Dwae*!

Das ist gefährlich! *An Dwae*! Wir haben ein Tor bekommen... Wir haben uns nicht für die Weltmeisterschaft qualifiziert....

afreecaTV

Koreanische Streaming-Plattform für individuelle Medien

Plattform für einen P2P (Peer-to-Peer)-Videostreamingdienst, die 2005 unter dem Namen "W" gegründet wurde. Die Hauptform ist der BJ (Broadcasting Jockey), der seinen Kanal mit verschiedenen Themen moderiert, live chattet und mit den Zuschauern kommuniziert. Die Zuschauer können den BJs virtuelle Währung namens "Byeol Poong Seon 별풍선 Ballonstern" anbieten, und die beliebten BJs verdienen enorme Einnahmen.

Beispiel:
Otto: Hast du das gehört? Ich habe gehört, dass Seho bei *afreeca TV* viel Geld verdient hat!
Tim: Was ist denn? In Afrika? Oder das hier? In Kenia? Im Kongo? In Jamaika?
Otto: Aber nein, du Idiot... Nicht Afrika, die Online-Plattform *afreeca TV*... und Jamaika ist ja noch nicht mal in Afrika...

Anti

"Person, die jemanden hasst/gegen jemanden ist"

Ausdruck, der vom englischen Wort "**Anti**" abgeleitet ist, das Opposition ausdrückt. Bezeichnet eine Person oder eine Gruppe von Personen, die ihre Feindseligkeit oder Abneigung gegenüber einem bestimmten Künstler oder einer bestimmten Gruppe zum Ausdruck bringen. Es kommt oft vor, dass der Wettbewerb zwischen rivalisierenden Bands **Antis** hervorbringt. Einige extreme Fans stören die Konzerte der rivalisierenden Bands, verschicken Briefe mit Todesdrohungen, blutige Puppen, Messer und anderes per Paket.

Beispiel:
JAJA hat viele Fans, aber auch *Antis*. Sie sind wahrscheinlich eifersüchtig, weil sie zu hübsch ist.

아파 A Pa [a-pa]

"Ausdruck, um Schmerz auszudrücken" / "Titel eines Liedes von 2NE1"

Ausdruck, um körperlichen und/oder seelischen Schmerz
auszudrücken, auch Titel eines Liedes von 2NE1 aus dem Jahr 2010.

Beispiel:
Felix: *A Pa*!
Mihyun: Hast du dir wehgetan?
Felix: Lach nein, ich höre mir gerade das Lied von 2NE1 an.

아리랑 TV Arirang TV [a-ri-rang TV]

Koreanischer Fernsehkanal, der auf Englisch moderiert wird

Koreanischer Fernsehkanal, der auf Englisch produziert
(Synchronisation oder Untertitel) und weltweit ausgestrahlt
wird. Dieser Kanal ist für Ausländer sehr nützlich, da man
Nachrichten, Dokumentarfilme und Dramen über Korea auf
Englisch sehen kann. Enthält auch viele beliebte K-Pop-
Sendungen wie Simple K-Pop, Pops in Seoul, Showbiz Korea.
(Anmerkung: Arirang ist der Titel eines traditionellen
koreanischen Volksliedes).

Beispiel:
Man kann die koreanische Kultur und Sprache
gleichzeitig lernen, wenn man *Arirang TV* schaut.

ARS

Automatischer Anrufbeantworter

Initiale des englischen "**A**utomated **R**esponse **S**ystem", was so
viel wie "ein automatisches Antwortsystem" bedeutet. Es
handelt sich um ein automatisiertes System und nicht um eine
echte Person, die das Telefon abnimmt. Wird verwendet, um das
Sammeln von Spenden zu vereinfachen, da bei einem Anruf
automatisch ein bestimmter Betrag in Rechnung gestellt wird.
Im K-Pop als Hilfsmittel für die telefonische Abstimmung von
Fans bei TV-Vorstellungs-/Wettkampfshows verwendet.

Beispiel:
Ruf die *ARS* an und drücke die Taste 3, damit unsere Oppas gewinnen können!

아싸 A Ssa [a-ssa]

"Tipptopp!"

Ausdruck der Zufriedenheit, wenn etwas so eintritt,
wie man es sich gewünscht oder gewollt hat.

Beispiel:
(Marcus und Taeho spielen Poker.)
Marcus: *A Ssa*! Ein Full House! Komm schon, bring das Geld zurück!
Taeho: Nicht so schnell! Ich habe einen Royal Straight Flush! *A Ssa*! Ich habe gewonnen!

바보 Ba Bo [ba-bo]

"Idiot", "dumme Person", "unreife Person"

Ein Ausdruck, der im Vergleich zu anderen Beleidigungen weniger
schwerwiegend ist und häufig im Alltag und in vertrauten
Umgebungen verwendet wird. Wird auch verwendet, um eine Person
zu bezeichnen, die sich kindisch und nicht altersgerecht verhält.

Beispiel:
Lihyun: Oppa! Weißt du, welcher Tag morgen ist?
Ohwi: Ich weiß es nicht, vielleicht wird es Montag?
Mihyun: *Ba Bo*! Heute ist unser erster Jahrestag :'(
Ohwi: A I Goo...

배고파 Bae Go Pa [bae-go-pa]

"Zustand des großen Hungers"

Verbindung des Wortes "**Bae** 배 Bauch" und des Wortes "**Go Pa** 고파
hungrig sein" Der Ausdruck kann also verwendet werden, indem das
Wort "Bae" durch ein anderes ersetzt wird, das somit "etwas sehr stark
begehren" bedeutet. Zum Beispiel bedeutet "Sa Rang Go Pa 사랑 고파"
"Hunger nach Liebe haben", der Ausdruck kann dann verwendet werden,
um zu sagen, dass man sich Liebe wünscht (Sa Rang 사랑 Liebe).

Beispiel:
Die Freundin: *Bae Go Pa*.
Die Freundin: Hast du Lust auf etwas Bestimmtes?
Die Freundin: Ich weiß nicht... Koreanisch?
Der Freund: Sollen wir Bulgogi essen gehen?
Die Freundin: Ich weiß nicht ... Eher chinesische Küche?
Der Freund: O... Okay... Dim Sum also?
Die Freundin: Ich weiß nicht... Vielleicht habe ich doch keinen Hunger…
Der Freund: Machst du Witze? Aber was willst du eigentlich?!
Die Freundin: Ich werde nicht essen. Ich bin genervt.

배우 Bae Woo [bae-u]

Actor

Für Schauspielerinnen fügen wir das Präfix „Yeo 여 feminin" hinzu, um „Yeo **Bae Woo**" zu sagen.

Beispiel:
Cheolsoo singt gut, aber wenn er spielen würde, wäre er auch ein großartiger *Bae Woo*.

베이글 녀/남 [be-i-gŭl nyŏ/nam]
Bae I Geul (Bagel) Nyeo / Nam

Bezeichnung für "Person mit einem kindlichen Gesicht, aber einem sinnlichen Körper"

Ein Wort, das sich aus dem Ausdruck "**Ba**by Face" für "ein kindliches Gesicht" und dem Wort "**Gl**amorous" für "sinnlicher Körperbau" sowie dem Wort "Nam/Nyeo" für "Mann/Frau" zusammensetzt. Für einen Mann die Gegenüberstellung des Ausdrucks "**Ba**by Face" und des Wortes "**Gl**adiator", um einen festen und männlichen Körper zu bezeichnen. Ein Wort, das bei Jugendlichen vor allem wegen der identischen Aussprache mit dem englischen Wort "bagel 베이글" verwendet wird.

Beispiel:
Sonya hat das Gesicht eines Schulmädchens, aber ihr Körper ist völlig üppig. Sie ist eine echte *Bae I Geul Nyeo*.

발연기 Bal Yeon Gi [bal-yŏn-gi]

"Schlechte schauspielerische Leistung"

Bedeutet wörtlich: "Seinen "**Bal** 발 Fuß" benutzen, um "**Yeon Gi** 연기 die Vorstellung" Ausdruck, um sich über einen schlechten Schauspieler lustig zu machen. Dies geschieht, wenn ein Idol, das noch nicht bereit ist zu spielen, überstürzt sein Debüt gibt. Es gibt jedoch Leute, die es geschafft haben, sich aus dem "**Bal Yeon Gi**" einen Charakter zu schaffen, typischerweise Jang Soo Won 장수원 (ehemaliges Mitglied der Gruppe Sechs Kies), der den Spitznamen "Roboterschauspieler" hat.

Beispiel:
Ura: Hast du das Drama gestern gesehen? Zu schade der *Bal Yeon Gi* aus unserer Oppa...
Miyo: Aber ja! Er hätte Sänger bleiben sollen...

발라드 Ballad [bal-la-deu]

"Sentimentales Lied über die Liebe"

Als beliebtestes Genre im K-Pop wird **Ballad**ensängern eine bessere Gesangsbegabung nachgesagt als den Sängern von Tanzgruppen. Deshalb wählen Mitglieder von Idolgruppen die **Ballade** als Solodebüt oder um ihr Gesangstalent zu zeigen.

Beispiel:
Wenn Saemin eine *Ballad* singt, können alle Fangirls nur noch weinen.

반대 Ban Dae [ban-dae]

"Nicht zustimmen"

Ein Wort, das jeder K-Drama-Fan kennen muss. Traditionell muss in Korea ein Paar, das heiraten möchte, die Zustimmung der Eltern beider Familien einholen. In Dramen tauchen jedoch hin und wieder Charaktere auf, die die Hochzeit nicht gutheißen (meistens die Mutter des Bräutigams), wobei das am häufigsten verwendete Klischee die Braut ist, die aus einer armen Familie kommt.

Beispiel:
Minki: Mama, Papa, ich hätte gerne eure Zustimmung zu unserer Hochzeit.
Mutter: Ich weiß es nicht. Schatz, was denkst du darüber?
Der Vater: *Ban Dae*!
Minki: Warum Papa?
Die Mutter: Sie hat genau den gleichen Charakter wie deine Mutter. Ich habe Angst, dass du genauso leidest wie ich.

반도 Ban Do [ban-do]

Ein Spitzname für Korea

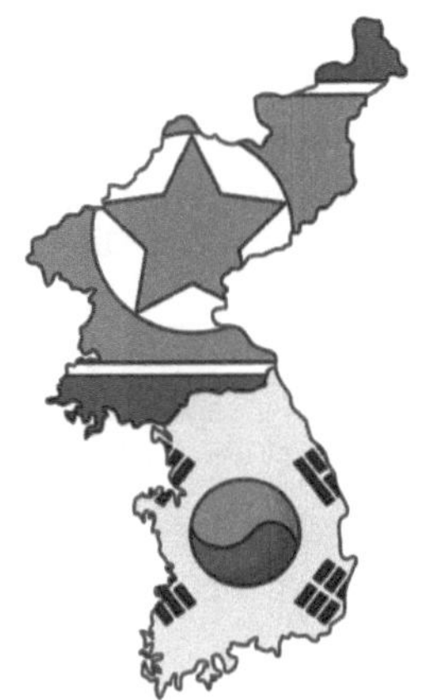

Wort kommt von "Han **Ban Do** 한반도 koreanische Halbinsel"
Wird unter jungen Internetnutzern sehr häufig als Spitzname verwendet. Wird in der Form von "etwas von Ban Do" verwendet.
Z. B.: "etwas aus **Ban Do**", um koreanische Mode zu bezeichnen.

Beispiel:
Wayne: Yo, was isst du?
Brian: Kimchi natürlich, wenn du aus *Ban Do* kommst!

반말 Ban Mal [ban-mal]

"Bequem und ohne Förmlichkeiten miteinander reden", "Duzen"

Das Gegenteil von Jon Daet Mal 존댓말 Siezen, es kann mit Freunden, jüngeren Personen als du selbst oder nahestehenden Personen verwendet werden. Es mit älteren Personen oder nicht sehr nahestehenden Personen zu benutzen, ist unhöflich, stellt aber kein Problem dar, wenn es sich um eine versehentliche Benutzung durch einen Fremden handelt.

Beispiel:
Als ich damals nicht sehr gut Koreanisch sprach, sprach ich mit dem Lehrer in *Ban Mal*. Das war eine Schande! :'(

반모 Ban Mo [ban-mo]

"Duzen"

Zusammenzug von "**Ban** Mal **Mo**de 반말 모드 Mode Duzen" Begriff, der unter Jugendlichen verwendet wird.

Beispiel:
Doori: Hallo Hoon.
Hoon: Was ist das für ein Jon Daet Mal? Wir sind in der gleichen Altersgruppe, wir machen *Ban Mo*!
Doori: Okay, Kumpel!

바나나우유 Banana Woo Yoo [ba-na-na-u-yu]

"Aromatisierte Milch mit Bananengeschmack"

Mit Bananen aromatisierte Milch, die dank der beliebten Werbung mit Lee Min Ho ein großer Erfolg war.

Beispiel:
Hm, das ist super lecker *Banana Woo Yoo*.
Aber es ist überhaupt keine Banane drin.

방탄 Bang Tan [bang-tan]

Ein anderer Name für BTS

2013

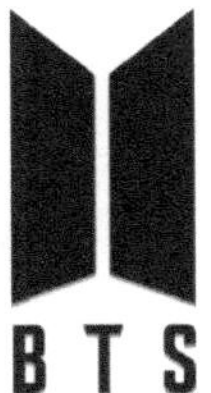

B T S

2017

"**Bang Tan** (kugelsicher)" stammt vom alten Namen von BTS:
"**Bang Tan** So Nyeon Dan 방탄소년단 Bulletproof Boy Scouts"
(2017 mit "Beyond The Scene" geändert). Enthält eine komplexe
Bedeutung: "So wie eine kugelsichere Weste Kugeln aufhält, werden
wir die Schwierigkeiten, Vorurteile und Unterdrückung, die
Teenager erleben, aufhalten"

Beispiel:
Das Mädchen: Mama! Kauf mir eine *Bang Tan* Weste.
Die Mutter: Um zur Army zu gehen?
Das Mädchen: Hul! Nein, um dem BTS Fan Club beizutreten!
Die Mutter: Oh je, was ist das denn jetzt?

밥 Bap [bap]

"Mahlzeit" / "Person, die sich auf die Füße treten lässt"

Die lexikalische Bedeutung dieses Wortes ist "Mahlzeit",
aber es wird auch verwendet, um eine Person zu
bezeichnen, die leicht zu handhaben ist oder die sich auf
die Füße treten lässt (weil es leicht ist, zu essen).

Beispiel:
Min: Hey, wollen wir eine Runde StarCraft 1 gegen 1 spielen?
Tony: Lol! Willst du wieder verlieren? Du bist nur mein *Bap*.

빠순이/빠돌이 Bba Soon I / Bba Dol I

Reduzierender Ausdruck für die Bezeichnung eines Fans [ppa-su-ni / ppa-dol-i]

Ein Ausdruck, der aus der Kombination des umgangssprachlichen Wortes
"**Bba** 빠" für "eine Person, die etwas besonders mag" und dem reduzierenden
Wort "**Soon I / Dol I** 순이/돌이" für "ein Mann/eine Frau" entstanden ist und
Fans einer Berühmtheit oder eines Sportlers auf reduzierende Weise
beschreibt. Dieser Ausdruck kann beleidigend sein und sollte daher auf
keinen Fall gegenüber einer älteren Person, einem Unbekannten oder bei
einer offiziellen Veranstaltung verwendet werden.

Beispiel:
Leute, die nie jemanden geliebt haben oder nie von
jemandem geliebt wurden, nennen uns *Bba Soon I*.

삑사리 Bbik Sa Ri [ppik-sa-ri]

"Eine unbeabsichtigte Ungeschicklichkeit"

Bezeichnet Fälle von falschen Tönen oder einer kratzigen Stimme (besonders bei hohen Tönen) während eines Live-Auftritts. Der schlimmste Albtraum für einen Sänger, aber garantiertes Lachen für andere.

Beispiel:
Joon singt von Grund auf schlecht, also ist es schwer zu erkennen, wo der *Bbik Sa Ri* ist.

빼박 Bbae Bak [ppae-bak]

"Situation, in der man weder dies noch jenes tun kann"

Zusammenzug von "**Bbae** Do **Bak** Do 빼도 박도 weder entfernen noch pflanzen", bezeichnet eine Situation, in der es keine gute Lösung gibt, um aus ihr herauszukommen.

Beispiel:
Ah Mist ... Ich habe die Nachricht, die für meinen Flirt gedacht war, an meine Freundin geschickt ... *Bbae Bak* ...

뻘글 Bbeol Geul [ppŏl-gŭl]

"Unnötiger Text"

Ein Wort, das sich aus dem Patois "**Bbeol** 뻘" für "nutzlos" und dem Wort "**Geul** 글 (Text, Schrift, Veröffentlichung)" zusammensetzt. Bezeichnet unnötige Veröffentlichungen in den Foren von Online-Communities (da man eine bestimmte Anzahl von Texten veröffentlichen muss, um ein hohes Niveau zu erreichen, veröffentlichen neue Mitglieder viele **Bbeol Geuls**, um ein hohes Niveau zu erreichen).

Beispiel:
Joann: Was machst du gerade?
Max: Ich bin damit beschäftigt, *Bbeol Geuls* zu schreiben.
Joann: Warum machst du das?
Max: Nein, aber man muss mindestens 20 Publikationen schreiben, um in diesen Club aufgenommen zu werden.

뻥 **Bbeong** [ppŏng]
"Lüge", "Prahlerei"

Eine Onomatopöie, die das Zerplatzen eines Objekts wie eines
Luftballons nachahmt. In Gesprächen bezeichnet sie jedoch falsche
oder übertriebene Aussagen.

Beispiel:
Elias: Hey, du hast Post vom FBI!
Victor: Hul? Was steht da?
Elias: Daebak ... Aber was hast du denn gemacht?
Victor: Was ist denn los? Sag es mir doch!
Elias: Hier steht *Bbeong*.
Victor: Du willst wirklich sterben?

뽀대 **Bbo Dae** [ppo-dae]
"SWAG"

Synonym für "Gan Ji 간지" und bedeutet "der Stil hat",
"der Klasse hat"

Beispiel:
Dongyu: Ha ha! Schau dir mein neues Auto an!
Nathan: Ist das nicht ein Ferrari?
Dongyu: Doch!
Nathan : *Bbo Dae*...

뽐뿌 **Bbom Bbu** [ppom-ppu]
"Jemanden dazu bringen, etwas zu tun"

Ausdruck, der vom Verb "Pump pump" abgeleitet ist. Ein
Verhalten, das darauf abzielt, jemanden durch Lob oder
Überredung dazu zu bringen, etwas zu tun.

Beispiel:
Bongmin: Was steht mir besser? Das Rote oder das Gelbe?
Tina: Beide! Kaufe beide! Oh, die weißen stehen dir auch gut!
Ähm, warum kaufst du nicht auch die schwarzen Schuhe?
Bongmin: Hör auf mit *Bbom Bbu* ...

뿌잉뿌잉 Bbu Ing Bbu Ing [ppu-ing ppu-ing]

"Gestik und Sprechweise, um niedlich/süß zu erscheinen"

Gestik, die ausgeführt wird, um Ae Gyo zu machen und niedlich/schnuckelig auszusehen (meist von Frauen): Kreisende Bewegung beider Fäuste vor jeder Wange, während man mit kindlicher Stimme "**Bbu Ing Bbu Ing**" sagt.

Beispiel:
Sonya: Bist du sauer Oppa? **Bbu Ing Bbu Ing**!
Tony: Das macht mich noch wütender.

베프 Be Peu [be-pŭ]

"Bester Freund"

Kontraktion von "**Best Friend** 베스트 프렌드" (Anmerkung: Das Wort "friend" wird "priend" ausgesprochen, da es im Koreanischen keinen f-Laut gibt), bezeichnet einen Freund, der für den anderen vor keinem Opfer zurückschreckt. In K-Dramas oder Filmen kommt es jedoch oft vor, dass durch die Ironie des Schicksals der "**Be Peu**" zum schlimmsten Feind wird.

Beispiel:
Minho und Dongyu, die keine Freunde hatten, wurden zu "*Be Peu*"

베플 Be Peul [be-pŭl]

"Der beste Kommentar"

Abkürzung für "**Best Reply** 베스트 리플 bester Kommentar", bezeichnet den Kommentar auf Facebook oder auch Naver, der die meisten "Jo a yo 좋아요 likes" erhalten hat. Manche sind davon so besessen, dass sie für ein Like sogar ihr Leben riskieren.

Beispiel:
Adam: Ah! Ich habe einen Kommentar zu einem Foto von G Dragon hinterlassen und habe über 500 Likes! Das ist ein *Be Peu*l! LOL
Ignacio: Was hast du geschrieben?
Adam: Dass ich, wenn ich mehr als 100 Likes habe, einen Bikini anziehen werde, um in Myeong-Dong herumzulaufen.
Ignacio: Halte dein Versprechen.

버카충 Beo Ca Choong [bŏ-ka-chung]

"Aufladen der Buskarte"

Abkürzung für "**Bu**s **Ca**rd **Choong** Jeon 버스 카드 충전
Aufladen der Buskarte", bezeichnet den Vorgang, Geld auf
die für das öffentliche Verkehrsnetz in Korea reservierte T-
Money-Karte zu legen.

Beispiel:
Ich habe meinem Bruder meine Buskarte geliehen und bin auf 0.
Ich muss zu *Beo Ca Choong* gehen.

버정 Beo Jeong [bŏ-jŏng]

"Bus station" (Busbahnhof)

Zusammenziehung von "Bus Jeong Geo Jang 버스 정거장 Busbahnhof"
In K-Dramas oft der Ort, an dem der Protagonist seine erste
verhängnisvolle Liebe trifft. Umgekehrt kann auch der Ort schmerzhafter
Trennungen sein.

Beispiel:
Ah Ich nähere mich dem Haus.
Ich werde bei dieser *Beo Jeong* aussteigen.

브금 Beu Geum [bŭ-gŭm]

"BGM" (deutsch: "Originalband")

Koreanisches Akronym für den englischen Ausdruck "
Background Music" Das "**Beu Geum**" spielt in Dramen, Filmen
und Fernsehsendungen eine sehr wichtige Rolle, um eine
Stimmung zu erzeugen oder die Geschichte zu entwickeln.

Beispiel:
Wow, die Geschichte in diesem Drama ist toll, aber die *Beu Geum* ist in jedem wichtigen
Moment hervorragend.

비친 Bi Chin [bi-chin]

"Wirklich zuverlässige(r) Freund(in)"

Zusammenzug für "**Bi** Mil Ji Kyeo Ju Neun **Chin** Gu 비밀 지켜주는 친구 Freund/in, der/die ein Geheimnis hütet", bezeichnet einen Freund/eine Freundin, dem/der man sich anvertrauen und über seine Sorgen sprechen kann.

Beispiel:
Yumi: Kannst du ein Geheimnis behalten, wenn ich dir eines erzähle?
Pamela: Aber sicher doch! Wir sind nicht *Bi Chin*? Erzähl mir alles!
Yumi: Ich habe den Jackpot im Lotto gewonnen!
Pamela: Hey! Yumi hat den Jackpot gewonnen!

비추 Bi Choo [bi-chu]

"Nicht empfehlenswert"

Ein Wort, das aus dem chinesischen Schriftzeichen "**Bi** 비 非", das die Verneinung ausdrückt, und dem Wort "**Choo** Cheon 추천", das "Empfehlung" bedeutet, zusammengesetzt ist. Gegenstück zu Gang Choo (stark empfohlen, sehr empfehlenswert).

Beispiel:
Joe: Was hältst du von diesem Hut?
Yong: *Bi Choo*...

비담 Bi Dam [bi-dam]

"Das schönste/schönste Mitglied der Gruppe"

Kontraktion des zusammengesetzten Wortes aus "**Visual** 비쥬얼 visuel" und "**Dam** Dang 담당 en charge", bezeichnet das schönste Mitglied/die schönste Frau der Gruppe. (Anmerkung: Da die Aussprache von v im Koreanischen nicht existiert, wird es mit b geschrieben.)

Beispiel:
Amora, die eine ehemalige Miss Korea ist, ist die *Bi Dam* der Gruppe.

Bias

"Lieblings-Idol/Promi"

Kommt von dem englischen Wort für Verformung/Neigung.
Bezeichnet eine Person, die man so sehr verehrt, dass man sie
in jeder Situation bedingungslos unterstützen und lieben muss.

Beispiel:
Tommy oppa ist mein *Bias*! Ich liebe ihn so sehr!

Bias Ruiner

"Wesen, das den Platz des aktuellen Bias begehrt"

Ein Wesen, das gefährlich ist, weil es genug Charme
hat, um den Platz des aktuellen "Bias" einzunehmen.

Beispiel:
Das ist schlimm. Das Mitglied der neuen Gruppe ist zu
gutaussehend. Ich glaube, er wird ein *Bias Ruiner* werden.

Big 3

"Die drei Showbusiness-Unternehmen der K-Pop-Industrie"

Big 3 bezieht sich auf JYP Entertainment, SM Entertainment und
YG Entertainment. Kann mit den 3 großen Unternehmen (Samsung,
Hyundai, LG) für Arbeitssuchende oder den 3 Vereinen der
Bundesliga (Bayern Munich, Borussia Dortmund, Werder Bremen)
für Fußballer verglichen werden.

Beispiel:
Kisoo, ein ehemaliger Trainee von SM Entertainment, der sein
Debüt bei JYP gab, hat einen Vertrag mit YG unterschrieben.
Er ist also ein Idol, das die *Big 3* kennengelernt hat.

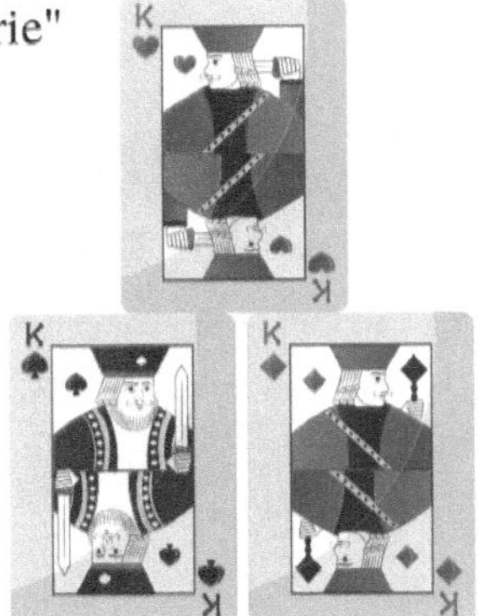

Black Day
"Tag für Singles"

Ein bewegender Tag am 14. April jeden Jahres (also zwei Monate nach dem Valentinstag und einen Monat nach White Day), an dem sich Singles, die kein Geschenk erhalten haben, schwarz gekleidet treffen und sich mit einem schwarzen Gericht (Jja Jang Myun 짜장면 Nudeln mit fermentierter Sojabohnenpaste) trösten.

Beispiel:
Heute ist *Black Day*. Ich werde Jja Jang Myun alleine essen, da ich keine Freundin habe.

Black Ocean
"Die Konzerte rivalisierender Bands unterbrechen"

Der Akt des Ausschaltens aller Leuchtobjekte der Fans (wie Leuchtstäbe) auf den Rängen während eines Konzerts, um völlige Dunkelheit herzustellen. Es handelt sich um eine Performance, um die Konzerte rivalisierender Gruppen zu unterbrechen oder um Unzufriedenheit zu zeigen.

Beispiel:
Nach dem Streit zwischen dem Bandmitglied KOMO und dem Bandmitglied GINNIE veranstalten die Fanclubs beider Seiten bei jedem Konzert des jeweils anderen einen *Black Ocean*.

Body Rolls
"Sexy Wave Dance"

Sinnliche Tanzbewegung, die durch die Betonung der Kurven langsam wie eine Welle bewegt wird. Idols, deren Attraktivität darin besteht, sexy zu sein, machen das sehr gut.

Beispiel:
Wonhee ist so geschmeidig, dass man sich, wenn man ihr bei den *Body Rolls* zusieht, fragt, ob sie ein Mensch oder ein Gummi ist.

보고싶어 Bo Go Shi Po [bo-go-shi-pŏ]

"Fehlen"

Bedeutet im eigentlichen Sinne "jemanden oder etwas sehen wollen", ist aber ein idiomatischer Ausdruck, um Mangel auszudrücken. Ein Ausdruck, der informell mit Verwandten oder Personen, die jünger sind als man selbst, verwendet werden kann. Durch das Anhängen des Suffixes "Yo 요" am Ende wird der Ausdruck halbformell und kann mit älteren Personen verwendet werden.

Beispiel:
Myung Soo: *Bo Go Shi Po*!
Mina: Ich? Vermisst du mich?
Myung Soo: Nein, ich *Bo Go Shi Po* der neue Avengers!

복불복 Bok Bool Bok [bok-bul-bok]

"Zufällige Chance" / "Pot Luck"

Ein aus den chinesischen Schriftzeichen "**Bok** 복 福 Glück", "**Bool** 불 不 nicht" und "**Bok** 복 福 Glück" zusammengesetztes Wort, das "Glück oder Pech" bedeutet, d.h. "alles Glück hängt vom Himmel ab"

Beispiel:
Du kannst ein Geschenk aus diesen fünf Schachteln auswählen. Alles ist *Bok Bool Bok*.

볼매 Bol Mae [bol-mae]

"Person, die immer attraktiver wird, je öfter man mit ihr zusammen ist"

Kontraktion von "**Bol** Su Rok **Mae** Ryeok 볼수록 매력 charmant, je mehr man ihn ansieht" Bezeichnet eine Person, die im Laufe des Umgangs mit ihr charmant wird, obwohl ihr erster Eindruck nicht angenehm war.

Beispiel:
Tina: Ja. Am Anfang war er überhaupt nicht mein Stil, aber je öfter ich mich mit ihm treffe, desto besser gefällt er mir.
Youngmi: Gib mehr Details, warum ist er *Bol Mae*?
Tina: Na ja, neulich ist ihm seine Brieftasche runtergefallen und er hatte jede Menge Bargeld darin!
Youngmi: Ah ja, er ist tatsächlich *Bol Mae*.

본방사수 Bon Bang Sa Soo [bon-bang-sa-su]

"Die Sendung bei der Erstausstrahlung anschauen und nicht als Replay"

Ausdruck, der aus der Kombination der Abkürzung "**Bon Bang 본방**" von "**Bon Bang** Song 본방송" für "die Erstausstrahlung/Originalsendung" und "**Sa Soo 사수**" für "unter Einsatz des eigenen Lebens verteidigen" entstanden ist. Symbolisiert den entschlossenen Willen, die Erstausstrahlung und nicht die Wiederholungsausstrahlung zu sehen, da die Einschaltquote des Programms nur bei der Erstausstrahlung gemessen wird. Da die Sendungen, in denen die Lieblingsidole auftreten, hohe Einschaltquoten haben müssen, damit sie die Möglichkeit erhalten, in anderen Sendungen aufzutreten, versuchen leidenschaftliche Fans, **Bon Bang Sa Soo** zu sehen, koste es, was es wolle.

Beispiel:
Was wir heute für unsere Oppas tun müssen: *Bon Bang Sa Soo*!

본좌 Bon Jwa [bon-jwa]

"Der Würdigste, der absolut Stärkste"

Meliorativer Ausdruck, um sich selbst zu qualifizieren, unter Teenagern bedeutet er "Champion" oder "der absolut Stärkste".

Beispiel:
Junho: Ihr Idioten, macht die Straße frei!
Wang: Was ist denn? Was glaubst du, wer du bist?
Jungo: Ich bin der *Bon Jwa* von K-Pop!
Wang: Oh Herr. Vergib mir, dass ich dich nicht erkannt habe.

부비부비 Boo Bi Boo Bi [bu-bi-bu-bi]

"Tanzen klebrig-klebrig"

Lautmalerei, die das Reiben von zwei Gegenständen nachahmt. Bezeichnet das "Dirty Dancing" in Clubs, bei dem die Tänzer eng beieinander tanzen, wobei die Hand auf dem Becken fixiert ist. Vorsicht, denn in übertriebener Weise kann dies zu einer sexuellen Belästigung werden.

Beispiel:
Wonhee: Igitt! Da war ein Typ, der hat mir *Boo Bi Boo Bi* gemacht!
Nancy: War er gutaussehend?
Wonhee: Nein.
Nancy: Igitt.

Booking

"Sofort/vor Ort Treffen"

Eine Art Service, der in koreanischen Clubs angeboten wird, bei dem der Kellner weibliche Gäste an die Tische der Gäste bringt (in seltenen Fällen auch umgekehrt), um ein Treffen zu arrangieren.

Beispiel:
Der Kellner: Liebe Gäste, soll ich für euch ein **Booking** machen?
Die Gentlemen: Nein danke! Heute Abend bleiben wir unter uns!

부캐 Boo Kae [bu-kae]

"Ein anderes Selbst"

Wort, das aus dem chinesischen Schriftzeichen "**Boo 부 副**" für "zweitrangig/nebenbei" und dem englischen Wort "**Cha**racter 캐릭터 Charakter" reduziert wurde. Zum Beispiel ein Prominenter, der als Balladensänger bekannt ist, betätigt sich als Comedian mit einem völlig anderen Konzept, oder ein beliebter Schauspieler, der Hip-Hop-Rap macht. Sie verwenden ein Pseudonym, das sich von ihrem Namen unterscheidet.

Beispiel:
Jenny ist eigentlich eine Ballad-Sängerin, aber ihre **Boo Ka**e Hip-Hop-Rapperin Ms. Kim ist viel beliebter. Ich denke, es wäre besser, wenn sie stattdessen mit ihrer **Boo Kae** weitermachen würde.

불금 Bool Geum [bul-gŭm]

"Crazy Friday"

Zusammenzug aus "**Bool** Ta Neun Geum Yo Il 불타는 금요일 brennender Freitag"
Steht für Arbeiter/innen, die in 5-Tage-Arbeitswochen gefangen sind und nach der Arbeit endlich ihre Freiheit genießen.

Beispiel:
Oh ja! Ende des Tages! Beginn des **Bool Geum**!

불펌 Bool Peom [bul-pŏm]
"Illegales Teilen"

Zusammengesetztes Wort aus "**Bul** Beop 불법 illegal" und "**Peom** 펌 Teilen"
Bezeichnet die Handlung, einen Beitrag zu verbreiten, obwohl der Autor das Teilen
verboten hat.

Beispiel:
Nur weil ein Foto online ist, bedeutet das nicht, dass es nicht urheberrechtlich geschützt ist.
Bul Peom ist strafbar.

BTS 세계관 / BTS Universe / BU
Ein Faden, der die BTS-Inhalte verbindet.　　　[BTS se-gye-gwan]

Ähnlich wie Marvel, bekannt für die Superheldenfilmreihe
Avengers, die die Geschichten der verschiedenen Werke im
MCU (Marvel Cinematic Universe) miteinander verbindet,
entwickelt auch BTS in einem virtuellen Universum ihre
Jugendgeschichte und ihre Entwicklung in Form einer Serie.
Die Geschichte verläuft nicht in chronologischer Reihenfolge,
verschiedene Symbole und Verbindungen sind wie Teile eines
Puzzles verstreut. Sie werden in verschiedenen Inhalten wie
Webtoons oder Clips dargestellt, und diese Inhalte sind mit
dem "BU"-Logo gekennzeichnet.

Beispiel:
Die Tochter: Mama, ich interessiere mich gerade sehr für die *BU*.
Die Mutter: Meinst du die Boston University? Hast du Lust, in den USA zu studieren?
Die Tochter: Nein ... ich meine ***BTS Universe*** ...

Buffering
"Zwischenspeichern", "Fehler", "stottern"

Situation, in der ein Online-Video ständig abbricht und
Frustration verursacht. Begriff, der auch verwendet wird,
um eine Person zu bezeichnen, die stotternd nicht richtig
spricht oder Fragen zögerlich ausweicht und Frustration
verursacht.

Beispiel:
Tommy: Ah ... Ah ... Ah, das ... Das gibt's doch nicht!
Semi: Hör mit dem ***Buffering*** auf und sprich schneller!

Burning

"Leidenschaftlicher Zustand, in dem man etwas tut"

Ausdruck für einen Zustand der Faszination für etwas, der
so leidenschaftlich ist, dass man kurz davor ist, in Flammen
aufzugehen.

Beispiel:
Sohn: Da es morgen geprüft wird, bin ich in *Burning!*

Burrow

"Weglaufen", "sich verstecken"

Besondere Fähigkeit der Zerg, einer
außerirdischen Spezies im Videospiel StarCraft,
bezeichnet das Graben eines Lochs im Boden und
das Verstecken darin. Im Internet, bezeichnet das
plötzliche Verschwinden eines Internetnutzers
mitten in einem Streit aus Angst vor Verlust.

Beispiel:
Es gibt zwei Mitglieder dieses Online-Clubs, die sich darüber gestritten haben, wer der Bessere
ist, dann hat einer der beiden *Burrow* gemacht, als herauskam, dass er gelogen hat.

Butter Face

"Bis auf das Gesicht perfekte Frau"

Verwendung des englischen "But Her Face (aber ihr Gesicht)", um zu
sagen "alle außergewöhnlichen Bedingungen, aber bedauerliches Gesicht"

Beispiel:
Tom: Erzähl uns von deiner Freundin!
John: Okay. Sie ist klug, witzig, ... Aber ... Sie ist ein *Butter Face*.
Sonya: Hey, ich bring dich um! Ich habe alles gehört!
John: Nein nein! Ich meinte, dass du ein butterweiches Gesicht hast.
Sonya: Du bist ein toter Mann.

별다방 Byeol Da Bang [byŏl-da-bang]

"Starbucks"

Zusammengesetztes Wort aus dem koreanischen Wort "**Byeol** 별 Stern"
für den "Star" von "Starbucks" und dem Wort "**Da Bang** 다방
Kaffee/Teesalon", bezeichnet die Kaffeehauskette "Starbucks"

Beispiel:
Barry: Wir sehen uns nachher im *Byeol Da Bang*!
Tony: Du meinst im Starbucks?
Barry: Wer sagt heute noch Starbucks?

병맛 Byeong Mat [byŏng-mat]

"Seltsam"

Neologismus, der aus der Kombination von "**Byeong** Shin
Ga Teun 병신같은 wie ein Depp" und "**Mat** 맛 Geschmack"
entstanden ist. Begriff von Teenagern für etwas oder ein
Verhalten, das seltsam ist.

Beispiel:
Wenn ich bei einem Vorstellungsgespräch eine rote Hose, ein gelbes T-Shirt und einen grünen
Hut anziehe, bin ich dann *Byeong Mat*?

변태 Byun Tae [byŏn-tae]

"Perversling"

Person mit abnormalen sexuellen Wünschen. Typischerweise die
nackte Figur im Trenchcoat, die sich auf einmal vor Frauen
entblößt. Natürlich ist das K-Drama-Klischee die männliche Figur,
die aus dem Nichts auftaucht und ihre Ritterlichkeit unter Beweis
stellt, indem sie der Heldin die Augen verdeckt.

Beispiel:
Layla: Was machst du da?
Mason: Ich mache ein Nickerchen mit Sora!
Layla: Ist das ein Plüschtier mit einem Bild von Sora?
Mason: Ja! Ist das nicht hübsch?
Layla: Ah welcher *Byun Tae*.

Call
"Akzeptieren"

Begriff aus dem Poker, bezeichnet das Akzeptieren, wenn ein
Gegner den Wettbetrag erhöht. Im Alltag beiläufig verwendeter
Begriff, um den Vorschlag von jemandem anzunehmen.

Beispiel:
Hoon: Hey, wir gehen heute ins Kino, hast du Lust mitzukommen?
Mike: *Call*!

CARTEL
"Die Union der drei Fan-Clubs"

Union, die 2008 beim Dream Concert von 3 Fanclubs,
Cassiopeia (DBSK), **Triple S** (SS501) und **ELF** (Super Junior),
gebildet wurde, genannt **CARTEL**, bekannt für ihren Black
Ocean während des Auftritts von Girls' Generation.

Beispiel:
Ich hatte das Gefühl, die K-Pop-Fanclub-Version von "We Are The World" zu sehen, als ich
mir *CARTEL* Black Ocean beim gestrigen Konzert anschaute.

Casting
"Das Erhalten einer Rolle "

Die Tatsache, dass man eine Rolle in einem Drama,
Film, CF, einer Fernsehsendung usw. bekommt.

Beispiel:
Seung Hoon, der Maknae der Gogo Boyz, war
Casting für das Drama "Love you"

CF

"Werbung"

Initiale des englischen Wortes "**C**ommercial **F**ilm", bezeichnet Werbung im Fernsehen, Radio etc. Ein gut getimter Werbespot kann manchmal dazu führen, dass ein bis dahin dem Publikum unbekannter Künstler schlagartig berühmt wird.

Beispiel:
Wow! Wer ist die Frau in diesem *CF* von Soju?

차도남/차도녀 Cha Do Nam/Nyeo

"Ein kalter/kalter Mann/eine kalte Frau aus der Stadt" [cha-do-nam/nyŏ]

Zusammenziehung von "**Cha** Ga Un **Do** Shi Eui **Nam** Ja/**Yeo** Ja 차가운 도시의 남자/여자 ein kalter/kalter Mann/eine kalte Frau aus der Stadt" Bezeichnet einen frechen und kalten Charakter. In K-Dramas mit Fortschreiten der Geschichte schließlich sein Herz öffnen und sich in die andere Figur verlieben. (Anmerkung: Die reduzierte Form des Wortes "**yeo**-ja Frau 여자" ist "**nyeo 녀**" Man schreibt also cha do nyeo 차도녀 und nicht cha do yeo 차도여).

Beispiel:
Oh, warum ist die da so frech? Hält sie sich für *Cha Do Nyeo* oder was?

재벌 Chaebol [jae-bŏl]

"Extrem reich"

Wichtigste Großunternehmen in Korea (Samsung, LG, Hyundai usw.). Im K-Drama-Bereich Bezeichnung für reiche Charaktere in Dramen im Stil von "Aschenputtel" Charaktere, die oft als arrogant und hochmütig dargestellt werden und glauben, dass sogar Liebe käuflich sein kann.

Beispiel:
Miho: Wow, er muss wirklich sehr reich sein. Vielleicht ist er ein *Chaebol*?
Karla: Nein, er ist einfach nicht vernünftig.

철벽녀 Cheol Byeok Nyeo [chŏl-byŏk-nyŏ]

"Frau, die schwer zu verführen ist"

Zusammengesetztes Wort aus "**Cheol Byeok 철벽** eiserne Mauer" und "**Nyeo 녀** Frau" Weibliche Figur, die häufig in K-Dramas auftaucht und als unveränderlich gegenüber allen Verführungsversuchen der männlichen Figuren dargestellt wird.

Beispiel:
Ich habe ihr mindestens zehn Liebeserklärungen gemacht, aber sie gibt nicht nach. Sie ist wirklich eine *Cheol Byeok Nyeo*.

철새팬 Cheol Sae Fan [chŏl-sae-paen]

"Person, die mehreren Fanclubs angehört"

Zusammengesetztes Wort aus "**Cheol Sae 철새** Zugvogel" und "**Fan**", bezeichnet eine Person, die nicht nur einem, sondern mehreren Fanclubs angehört und wie ein Zugvogel zwischen den verschiedenen Fanclubs hin und her fliegt.

Beispiel:
Gestern die Monkey Boys und heute die Daebak Boys, ich bin ein echter *Cheol Sae Fan*.

천조국 Cheon Jo Guk [chŏn-jo-guk]

"Die Vereinigten Staaten"

Da das jährliche nationale Verteidigungsbudget der USA angeblich 1 "조 (Einheit für 1 Billion)" US-Dollar beträgt, oder "**Cheon Jo** Won 천조원 tausend 조 Won (1 Billion)" umgerechnet in koreanische Währung, Spitzname für die USA, der sich aus dem Wort "Cheon Jo 천조 (1 Billion)" und dem Wort "**Guk** Ga 국가 Nation" zusammensetzt. Spitzname, der im Internet verwendet wird, aber nicht in den Nachrichten oder offiziellen Medien.

Beispiel:
Victor: Ich gehe morgen ins *Cheon Jo Guk*!
Wendy: Was? Wo? Ist das ein neues Land?
Victor: Aber nein die Vereinigten Staaten!

정말 Jeong Mal / Cheong Mal [jŏng-mal]
"Wirklich"

———————————

Wort, das verwendet wird, um nach der Wahrheit
einer Situation oder einer Aussage zu fragen oder um
Überraschung auszudrücken.

Beispiel:
Hyoju: Ich liebe dich *Jeong Mal Jeong Mal*!
Gibeom: *Jeong Mal*?
Hyoju: *Jeong Mal*!

첫콘/막콘 Cheot Con/Mak Con
"Erstes Konzert/letztes Konzert" [chŏt-kŏn/mak-kŏn]

———————————

Assoziation von "**Cheot 첫** erste" und "**Concert 콘서트**" / "**Mak 막** last"
und "**Concert 콘서트**" Ausdruck, der verwendet wird, um zwischen
verschiedenen Konzerten zu unterscheiden, die über mehrere Tage
hinweg geplant sind.

Beispiel:
Da ich nicht an der *Cheot Co*n teilnehmen konnte, muss ich unbedingt zur *Mak Con* gehen.

첫사랑 Cheot Sa Rang [chŏt-sa-rang]
"Besondere Person, die man nie vergessen kann"

———————————

Zusammengesetztes Wort aus "**Cheot 첫** erste" und "**Sa Rang 사랑** Liebe",
wörtlich erste Liebe. In K-Drama-Klischees eine Figur, die plötzlich
auftaucht, um die Gefühle der Heldin zu stören, die in einer glücklichen
Beziehung war.

Beispiel:
Es ist jetzt zehn Jahre her, aber ich kann meinen *Cheot Sa Rang* immer noch nicht vergessen.

치맥 Chi Maek [chi-maek]

"Gebratenes Huhn und Bier"

Zusammenziehung von "**Chicken** 치킨 frittiertes Huhn" einem der beliebtesten Snacks der Koreaner und "**Maekju** 맥주 Bier" In dem Drama "Byeol E Seo On Geu Dae 별에서 온 그대 Meine Liebe von den Sternen" sagt die von Jeon Ji Hyun 전지현 gespielte Heldin "An so einem verschneiten Tag wäre ein **Chi Maek** perfekt!", was in China den großen Trend verursacht hat, Selfies auf sozialen Netzwerken zu posten, während man ein **Chi Maek** isst.

Beispiel:
Chi Maek ist das Beste für Fußballspiele!

친추 Chin Choo [chin-chu]

"In sozialen Netzwerken als Freund anfragen"

Zusammenzug aus "**Chin** Gu 친구 Freund" und "**Choo** Ga 추가 hinzufügen" Hat den Vorteil, dass es weniger unangenehm ist, als direkt nach einer Telefonnummer zu fragen.

Beispiel:
Miyako: Danke, dass du mir *Chin Choo* auf Facebook vorgestellt hast!
Tomo: Gerne!

친삭 Chin Sak [chin-sak]

"Einen Freund aus sozialen Netzwerken entfernen"

Zusammengesetzt aus "**Chin** Gu 친구 Freund" und "**Sak** Je 삭제 löschen", bezeichnet den Akt des Löschens eines Freundes in sozialen Netzwerken. Einfaches Mittel, um den Kontakt abzubrechen, aber Vorsicht, da es verletzend sein oder falsch interpretiert werden kann.

Beispiel:
Miyako: Weißt du Tommy, dass ich gestern Chin Choo hatte, er ist ein richtiger Perverser!
Jackie: Mach ihn *Chin Sak*!

진짜 Jin Jja / Chin Cha [jin-jja]
"Wirklich"

Wort, das verwendet wird, um nach der Wahrheit einer Situation oder einer Aussage zu fragen oder um Überraschung auszudrücken.

Beispiel:
Paulina: Mimi und Changyo gehen miteinander aus!
Kathryn: *Jin jja*?

친구 Chin Gu [chin-gu]
"Freund"

Jeder kann einen Freund haben, aber in Wirklichkeit haben manche Menschen keinen. In Korea ist das Alter nicht wichtig, um Freunde zu werden, allerdings wird im schulischen Kontext eine ältere Person als "Seon Bae 선배" und eine jüngere Person als "Hoo Bae 후배" bezeichnet.

Beispiel:
Lasst uns *Chin Gu* sein, da wir beide 96 sind!

초보 Cho Bo [cho-bo]
Anfänger

Bezeichnet eine ungeschickte Person auf Anfängerniveau. Dieses Wort wurde von Ausländern verbreitet, da es von koreanischen Gamern in Online-Spielen wie StarCraft, LOL, Counter Strike usw. verwendet wurde. Fälle, die den Status des koreanischen eSports zeigen.

Beispiel:
Golf ist wirklich schwierig. Selbst nach zehn Jahren bin ich immer noch *Cho Bo*.

Chocolate Abs

"Sixpack-Bauchmuskel", "Bauchmuskel in Form einer Schokoladentafel"

Bezeichnung, weil ein muskulöser Bauch einer Schokoladentafel ähnelt.

Beispiel:
Wenn man Sport treibt und eine Diät einhält, kann jeder *Chocolate Abs* bekommen.

초딩 Cho Ding [cho-ding]

"Person, die sich wie ein kleines Kind verhält"

Neckisches Wort für "**Cho Deung** Hak Saeng 초등학생 Grundschüler", das auch verwendet wird, um sich über eine Person lustig zu machen, die sich wie ein kleines Kind verhält. Dies ist auch der Spitzname von Eun Ji Won 은지원, einem Mitglied von Sechs Kies.

Beispiel:
Jihoon mag nur Pizza und Hamburger wie ein *Cho Ding*.

출첵 Chool Chek [chul-chek]

"Auf Anwesenheit prüfen"

Zusammenziehung von "**Chool** Seok 출석 Anwesenheit" und "**Check** überprüfen" Viele Lehrer machen keinen Aufruf und überprüfen nur die leeren Plätze im Klassenzimmer. In Korea belegt eine Klasse nämlich immer denselben Raum und jeder Schüler hat einen eigenen Tisch und einen eigenen Stuhl. Schlechte Schüler nutzen dies zum Schwänzen, indem sie ihren Tisch und ihren Stuhl verstecken.

Beispiel:
Hey, beeil dich, bald gibt es den *Chool Check*!

춤 Choom [chum]

"Tanz"

Eine der wichtigsten Eigenschaften eines Idols. Es kommt vor, dass ein Mitglied, das nicht gut singen kann, seinen Mangel mit seinem **Choom**-Talent ausgleicht.

Beispiel:
Der *Choom* in Gangnam Style von Psy ist superschwer zu imitieren.

추석 Chu Seok [chu-sŏk]

"Traditioneller koreanischer Nationalfeiertag im Herbst"

Am 15. August des Mondkalenders, einer der größten Feiertage in Korea, der zur Zeit der Ernte im Herbst begangen wird. Wird auch "Han Ga Wi 한가위" genannt. Man trägt Han Bok 한복 (traditionelle koreanische Kleidung), spielt traditionelle Spiele und isst unter anderem Song Pyeon 송편 (Reiskuchen in Form eines Halbmondes).

Beispiel:
Die ganze Familie trifft sich in *Chu Seok*. Es ist deshalb super laut.

취중진담 Chwi Joong Jin Dam

"Wahrheit, die in betrunkenem Zustand gesagt wird" [chwi-jung-jin-dam]

Die Tatsache, dass man unter Ausnutzung der Wirkung des Alkohols Dinge sagt, die man normalerweise nicht sagen kann. In K-Dramen wird dies in Szenen deutlich, in denen man einer heimlich geliebten Person eine Erklärung abgibt oder einem Vorgesetzten gegenüber seine Unzufriedenheit ausdrückt (Alkohol spielt in der koreanischen Gesellschaft, in der hierarchische Beziehungen, die sich aus Alters- und Funktionsunterschieden ergeben, strengstens respektiert werden, die Rolle eines sozialen Schmiermittels). Auch der Titel eines berühmten Liedes des Sängers Kim Dong Ryul 김동률.

Beispiel:
Mimi: Er hat mir gestern beim Trinken eine Aussage gemacht, glaubst du, dass das ein Witz ist?
Yolanda: Bin mir nicht sicher, ist das nicht *Chwi Joong Jin Dam*?

취켓팅 Chwi Ke Ting [chwi-ket-ting]

"Ein storniertes Ticket eingeben"

Zusammengesetztes Wort aus "**Cwhi** So 취소 Annullierung" und "Tic**keti**ng" Bezeichnet das Erlangen von Karten für ein ganzes Konzert oder eine Sendung, die durch eine Stornierung verfügbar geworden sind. Glück und Konzentration sind entscheidend. Manche verkaufen die monopolisierten Tickets mithilfe von Computerprogrammen zu einem höheren Preis weiter.

Beispiel:
Inbi: Ah! Alle Karten wurden verkauft!
Bonnie: Keine Sorge, wir haben noch den *Chwi Ke Tin*g!

콜라보 Colabo [kol-la-bo]

"Zusammenarbeit"

Verkürzter Ausdruck für das englische Wort "collaboration" Bezeichnet die Präsentation eines Originalwerks, für das die Künstler ihre verschiedenen Talente zusammenbringen.

Beispiel:
Der Rapper Toby und der Sänger Jin Jin werden für ein Album *Colabo* machen.

Concept

"Persönlichkeit oder Bild, das gezeigt werden soll"

Kann während der gesamten Karriere gleich bleiben oder kurzzeitig verändert werden. Bei Sängern und Bands verändert nach dem Konzept des Albums selbst, das sehr unterschiedlich sein kann: "sexy", "süß", "geheimnisvoll" usw.

Beispiel:
Bist du wirklich bescheuert oder ist das dein *Konzept*?

D Line
"Schmerbauch"

Wort, das mit einem prallen Bauch assoziiert wird, der an den Buchstaben D erinnert. Im Gegensatz zur S-Linie, die jedes Idol um jeden Preis vermeidet.

Beispiel:
Da ich nur gegessen und geschlafen habe, ist mein Körper zu *D Line* geworden.

다나까 Da Na Kka [da-na-kka]
"In der Armee verwendete Sprache"

In der Armee verwendete Sprache: Jeder Satz muss mit "**Da** 다 (deklarative Form)", "**Na** 나 (Frageform des umgangssprachlichen Registers)", "**Kka** 까 (Frageform des gestützten Registers)" enden. (Anmerkung: In Korea hängt das von einer Person verwendete Sprachniveau von ihrem Alter und ihrer hierarchischen Position ab. "**Da**", "**Na**" und "**Kka**" werden vor allem von Militärs verwendet). Diese Sprechweise wurde durch das erfolgreiche Drama "Tae Yang Eui Hu Ye 태양의 후예 Die Nachkommen der Sonne" mit dem Militär als Kulisse auch unter Zivilisten populär.

Beispiel:
K-Pop-Fan: Hast du *kka* gegessen? Liebst du mich *na*? Ja ich liebe dich *da*!
Mutter: Was ist das für eine Sprache?

답정너 Dab Jeong Neo [dap-jŏng-nŏ]
"Person, die nicht auf etwas hört, nachdem sie um eine Meinung gebeten hat"

Zusammenziehung des Satzes: "**Dap** Eun 답은 die Antwort ist **Jeon**g Hae Jyeo It Da 정해져있다 entschlossen **Neo** 너는 du Dae Dap Man Hae Ra 대답만 해라 du brauchst nur zu antworten" Bezeichnet eine Person, die andere um ihre Meinung bittet, aber letztendlich nur nach ihrem eigenen Kopf handelt (Warum dann überhaupt fragen?).

Beispiel:
Die Freundin: Schatz, gefällt dir das rote oder das blaue Kleid besser?
Die Freundin: Ich finde das blaue hübscher.
Die Freundin: Ah, ich werde das rote anziehen.
Der Freund: Du bist nicht zufällig eine *Dap Jeong Neo*? Warum fragst du mich nach meiner Meinung?

대륙 Dae Ryuk [dae-ryuk]
"China"

Die lexikalische Bedeutung bedeutet "Kontinent", es ist also ein Spitzname für China, das ein riesiges Territorium besitzt. Begriff in der Form verwendet: "**Dae Ryuk**의 무엇 (etwas von Dae Ryuk)" Beispielsweise bezeichnet "**Dae Ryuk**의 음식 das Essen von Dae Ryuk" chinesisches Essen. Wie bei dem Wort Ban Do für Korea oder Cheon Jo Guk für die USA, ein Begriff, der hauptsächlich von Teenagern im Internet verwendet wird und in den offiziellen Medien nicht verwendet wird.

Beispiel:
Xiao: Schau mal! Er hat 30 Ravioli mit einem Bissen gegessen!
Tomo: Wow! Der Stil von *Dae Ryuk* ist beeindruckend!

대박 Dae Bak [dae-bak]
"Außerordentlicher Erfolg"

Ein Wort, das verwendet wird, um Aufregung und Verwunderung auszudrücken, und das mit "unglaublich" oder "Jackpot" übersetzt werden kann. Einer der am häufigsten verwendeten Ausdrücke unter Schülerinnen der Mittel- und Oberstufe. Es gibt zwei Theorien über seinen Ursprung: zum einen die Kombination der chinesischen Schriftzeichen "**Dae 대 大** groß" und "**Bak 박 舶 Boot**", um ein Boot voller Fische und im weiteren Sinne ein großes Glück zu bezeichnen; zum anderen das Wort "박 Kürbis" (Anmerkung: In dem traditionellen koreanischen Märchen "Heungbu Nolbu" pflegt ein armes Paar eine Schwalbe, die an einem Bein verletzt wurde. Diese Schwalbe bringt ihnen daraufhin zum Dank einen Kürbissamen mit. Der angebaute Kürbis wird riesig, das Paar schneidet ihn in zwei Hälften und entdeckt darin viele Schätze.).

Beispiel:
Dae Bak! Ich habe ein Spielzeug, das 500 Euro wert ist, für 100.000 Euro verkauft!

대상 Dae Sang [dae-sang]
"Erster Preis"

Der prestigeträchtigste Preis bei Zeremonien und Veranstaltungen.

Beispiel:
Wow! Soye hat in der KBS-Musiksendung den *Dae Sang* erhalten!

닭살 Dak Sal [dak-sal]

"Gänsehaut bekommen", "Ekel"

Die lexikalische Bedeutung ist "Gänsehaut", ein Ausdruck für eine Haut, die wie eine Gänsehaut Nesselsucht verursacht. Positive und negative Bedeutung. Bedeutet im positiven Fall "Jubel" oder "Schaudern" und bedeutet im negativen Fall "Unbehagen" (wie wenn man sieht, wie ein Paar in der Öffentlichkeit Zuneigung demonstriert).

Beispiel:
Ah! Das ist oppa! Er ist in echt zu schön! Ah, *Dak Sal*!
Ey, ihr seid zu sehr im Herzensmodus! *Dak Sal*!

달고나 Dal Go Na [dal-go-na]

"Süßigkeit, die aus Zucker hergestellt wird"

Eine Art Süßigkeit, die durch Erhitzen einer Mischung aus Zucker und Backpulver hergestellt wird. Wird auch als "Bbop Gi 뽑기" bezeichnet. War in den 1970er und 1980er Jahren als Straßensüßigkeit sehr beliebt. Der Verkäufer benutzte eine Form, um dem **Dal Go Na** eine Form aufzudrücken. Wenn man es schaffte, die genaue Form herauszuziehen, bekam man einen gratis dazu. Wurde 2021 in der international erfolgreichen Netflix-Serie "O Jing Eo Game 오징어게임 ("Squid Game")" vorgestellt und dadurch weltweit populär. Auch der damit hergestellte **Dal Go Na** Coffee ist bekannt.

Beispiel:
Die Kids von heute sind nicht süchtig nach Smartphones, sondern nach dem Spiel *Dal Go Na*.

단톡 Dan Tok [dan-tok]

"Chat in einer Gruppe"

Zusammengesetztes Wort aus "**Dan** Che 단체 Gruppe" und "**Talk** 톡" Funktion von Messenger-Diensten wie Kakao Talk oder Facebook Messenger, die es ermöglicht, mehrere Personen in eine Gruppenkonversation einzuladen, um gemeinsam zu diskutieren. Gesellschaftliches Problem, da es von Vorgesetzten in Unternehmen als Instrument zur Kontrolle von Mitarbeitern eingesetzt wird.

Beispiel:
Sumi: Bitte lade mich ins *Dan Tok* ein.
Lola: Bist du dir sicher? Der Teamleiter wird viele Nachrichten schicken.

당근 Dang Geun [dang-gŭn]
"Natürlich","Aber hallo!"

Bedeutet "Karotte" im lexikalischen Sinne, aber von Jugendlichen verwendeter Ausdruck, da die Aussprache dem orthografisch korrekten Wort "Dang Yeon 당연 sicher" nahekommt.

Beispiel:
Die Mutter: Hast du heute schon deine **Dang Geuns** gegessen?
Die Tochter: **Dang Geuns**!
Die Mutter: Ja, **Dang Geuns**.
Die Tochter: Ah, ich meinte "ja natürlich"

Dark Horse
"Person, die unerwartet kompetent ist"

Kandidat, von dem niemand erwartet hatte, dass er gewinnen würde, der aber als Favorit die Rangliste hinaufgestiegen ist. Kommt von den Reitbegriffen aus dem Europa des 19. Jahrhunderts. Häufig in Fernsehprogrammen zu hören, in denen die Teilnehmer gegeneinander antreten.

Beispiel:
Niemand ahnte, dass du gewinnen würdest. Du warst tatsächlich das **Dark Horse.**

Dash
"Seine Zuneigung erklären"

Bedeutet im Englischen "sich auf etwas stürzen, etwas aufladen" Bezeichnet den Akt, jemandem am Valentinstag oder zu Weihnachten seine Liebe zu erklären.

Beispiel:
Minho fasste in Soomi Mut zu **Dash** und aß eine Harke. LOL

DBSK
"Dong Bang Shin Ki"

Die englischen Initialen des koreanischen Namens der Idolgruppe **Dong Bang Shin Ki** 동방신기 von SM Entertainment.
Die chinesische Version ist TVXQ (Tong Vfang Xien Qi).

Beispiel:
Chin: Weißt du, was *DBSK* bedeutet?
Ursula: Natürlich. Dong Bang Shin Ki!

따봉 Dda Bong   [tta-bong]
"Super"

Akt des Hebens beider Daumen, um Überraschung oder Zufriedenheit auszudrücken. Stammt aus dem Portugiesischen "tá bom" Der Ausdruck geht auf einen Fernsehwerbespot aus den 80er Jahren mit folgendem Inhalt zurück: Ein koreanischer Geschäftsmann besucht eine brasilianische Farm und probiert dort eine Orange. Er ist begeistert, ruft "Tá Bom" und streckt seinen Daumen nach oben, woraufhin die Kamera zeigt, wie die brasilianischen Bauern vor Freude jubeln. Seitdem wird der koreanische Schriftsatz "**Dda Bong** 따봉" weithin als Ausdruck für "toll" verwendet.

Beispiel:
Die Mutter: Sohn, brauchst du Taschengeld?
Der Sohn: *Dda Bong* Mama!

딸바보 Ddal Ba Bo   [ttal-ba-bo]
"Extrem liebevoller Vater seiner Tochter"

Ausdruck für einen Vater, "der wie ein Idiot nur auf seine Tochter schaut und in der Lage ist, ihr alles zu geben" Dieser Ausdruck wurde nach dem Verhalten von Choo Seong Hoon 추성훈 gegenüber seiner Tochter in der erfolgreichen koreanischen Reality-Show "Superman I Dol A Wat Da 슈퍼맨이 돌아왔다 The Return of Superman" populär.

Beispiel:
Tina: John klebt immer an seiner Tochter.
Thomas: Ja, er ist ein richtiger *Ddal Ba Bo*...

뜬금포 Ddeun Geum Po [ttŭn-gŭm-pŏ]

"Unerwartete Sache"

Zusammengesetztes Wort aus "**Ddeun Geum 뜬금** auf unerwartete Weise " und "**Po 포** canon" Kommt aus dem Baseball: ein Home Run durch einen unerwarteten Spieler. Bezeichnet in der Konversation das Herausbringen eines unerwarteten Wortes.

Beispiel:
Kyle: Ach, übrigens. Danke, dass du mein Kumpel bist.
Donnie: Warum sagst du das? Das ist total *Ddeun Geum Po*.

또라이 Ddo Ra I [tto-ra-i]

"Extrem seltsame Person"

Bezeichnet ursprünglich "eine Person mit einem psychischen Problem", aber in letzter Zeit wird der Begriff auch für eine Person mit unsinnigem Verhalten verwendet.

Beispiel:
Mendy: Hi hi hi, ich habe ein ganzes Glas Wasabi ganz alleine gegessen.
Justin: Ah, was für ein *Ddo Ra I*.

똥차 Ddong Cha [ttong-cha]

"Ex-Freund"

Zusammengesetztes Wort aus "**Ddong 똥** Exkrement" und "**Cha 차** Auto", bezeichnet ein Auto von schlechter Qualität oder eines, das kurz vor der Verschrottung steht. Es gibt eine Maxime über Liebesbeziehungen, die lautet: "**Ddong Cha** 지나가고 nach dem Schrottauto kommt Benz 온다 der Benz" Sie bezieht sich auf die Situation, dass eine Frau, die unter einem schlechten Mann litt, nach der Trennung einen besseren Menschen kennenlernt. Dementsprechend wird "**Ddong Cha**" auch verwendet, um einen Ex zu bezeichnen.

Beispiel:
Fei: Hul! *Ddong Cha* ruft mich ständig an. Was ist mit ihm los?
Judy: Huh? Willst du ein gebrauchtes Auto kaufen?
Fei: Nein, ich rede von meinem Ex.

득템 Deuk Tem [dŭk-tem]

"Einen unerwarteten Gegenstand erhalten"

Zusammengesetztes Wort aus "**Deuk** 득 erhalten" und "**Item** 아이템 Artikel" Begriff aus Multiplayer-Online-Rollenspielen, drückt die Freude über einen unverhofften Artikel aus, wie das Finden eines Gegenstands in einer Schatzkiste.

Beispiel:
Toby: Oh ja! *Deuk Tem*!
John: Was ist denn los?
Toby: Ich habe ein iPhone 7 für 100 $ gekauft!
John: Mal sehen... Das ist kein iPhone, sondern ein iPhome.
Toby: A nwa...

듣보잡 Deut Bo Jap [dŭt-bo-jap]

"Person ohne Interesse"

Zusammenziehung von "**Deut** Do **Bo**do Mot Han **Jap** Geot 듣도 보도 못 한 잡것 nie gehörter oder gesehener Schnickschnack" Wird auch verwendet, um einen anderen herabzusetzen oder zu verunglimpfen.

Beispiel:
Heena: Ach ja, bin ich in den USA bekannt?
Uma: Nein, überhaupt nicht. Du bist total *Deut Bo Jap*.

Digital Single

"Titel, der nur online gekauft werden kann"

Bezeichnet im Gegensatz zu CDs, die man direkt im Laden kaufen kann, Musiktitel, die man nur online als Download oder Streaming kaufen kann.

Beispiel:
Awesome Babies hat eine *Digital Single* veröffentlicht! Wir müssen sie sofort herunterladen.

Dispatch

"Die BND des Showbusiness in Korea"

2010 gegründete Nachrichtenagentur, die auf dem Internet basiert. Verarbeitet Klatsch und Tratsch aus der Welt der Prominenten nach gründlicher Sammlung von Informationen wie die BND (Bundesnachrichtendienst). Agentur mit dem größten Einfluss in der koreanischen People-Welt, die manchmal für ihren Paparazzi-Stil kritisiert wird (der jedoch die positive Rolle hat, die Wahrheit aufzudecken).

Beispiel:
Tony: Oh, Jaeho ist in **Dispatch**!
Micky: Das ist kein gutes Zeichen ...

도촬 Do Chwal [do-chwal]

"Fotografieren/Filmen ohne Zustimmung"

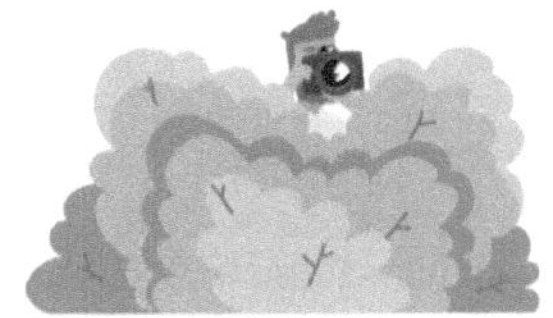

Zusammenziehung von "**Do** Duk 도둑 Dieb" und "**Chwal** Yeong 촬영 Fotografieren/Filmen" Bezeichnet das Fotografieren/Filmen ohne Zustimmung oder Erlaubnis. Viele K-Pop-Idole erleiden Schäden durch Do Chwal von Sa Seng Fan oder durch Paparazzi.

Beispiel:
Mina: A Ju SShi! Haben Sie mir gerade **Do Chwal** gegeben?
Der Mann: Nein, ich habe gerade eine Nachricht geschickt! Ich habe nicht einmal eine Kamera an meinem Handy.
Mina: Aber wenn Sie eine hätten, hätten Sie **Do Chwal**, oder?
Der Mann: Das macht mich verrückt ...

돌 Dol

"Idol" ("Idol" auf Deutsch)

Verkürzte Form von "idol", die nach einem allgemeinen Namen hinzugefügt wird, um ein besonderes Talent zu bezeichnen. Zum Beispiel: "Geun Yook **Dol** 근육돌 muscle **dol**" für einen muskulösen Körper, "Yeon Gi **Dol** 연기돌 Schauspielkunst **dol**" für einen guten Schauspieler usw.

Beispiel:
Taekyo hat einen tollen Körper, weil er viel Sport getrieben hat. Er ist ein Geun Yook **Dol**.

돌직구 Dol Jik Goo [dol-jik-gu]

"Kommentar/Frage zu offen/ ehrlich"

Zusammengesetztes Wort aus "**Dol 돌** Stein" (Anm.: anders als das zuvor gesehene Wort Dol) und "**Jik Goo 직구** direkter Ball" Stammt aus dem Baseball "direkter, schneller und kraftvoller Ball", bezeichnet eine Frage oder einen Kommentar, der direkt und ohne Umschweife, die den anderen in Verlegenheit bringen könnten, ausgedrückt wird.

Beispiel:
Der Kleine: Oma, warum ist Mama so hässlich?
Die Großmutter: Kinder lügen nicht....
Der Vater: Oh der *Dol Jik Goo* ...
Die Mutter: ...

돌싱 Dol Sing [dol-sing]

"Kürzlich geschiedene Person"

Kontraktion aus "**Dol** A On **돌**아온 retourniert" und "**Sing**le", bezeichnet eine Person, die kürzlich geschieden wurde, also wieder Single ist. Bezeichnet auch ein Idol einer Band, das allein ein Comeback feiert.

Beispiel:
Julian: Wow, wer ist diese Frau?
Henry: Ah, das ist Yona, die aus den USA kommt.
Julian: Hat sie jemanden?
Henry: Ich weiß nicht, ich habe gehört, sie ist eine frisch geschiedene *Dol Sing*.

동안 Dong An [dong-an]

"Gesicht, das jünger aussieht als das tatsächliche Alter"

Wort, das sich aus den chinesischen Schriftzeichen "**Dong 동 童**" für "Kind" und "**An 안 顔**" für "Gesicht" zusammensetzt. Was jede Person unabhängig von ihrem Alter oder ihrer ethnischen Zugehörigkeit hören möchte.

Beispiel:
Wonjoo ist in ihren Dreißigern, aber sie hat das Gesicht eines Teenagers. Sie ist wirklich *Dong An*.

동생 Dong Saeng [dong-saeng]

"Jüngerer Bruder/jüngere Schwester"

Bezeichnet einen jüngeren Bruder oder eine jüngere Schwester in der Familie, aber der Begriff wird auch verwendet, um einen jüngeren Verwandten anstelle eines Vornamens anzusprechen.

Beispiel:
Bohye ist jünger als ich, aber sie ist reifer, also fühle ich mich wie die **Dong Saeng.**

Drama Queen

"Frau, die bei kleinen Dingen überreagiert"

Eine Freundin, die wir alle in unserem Umfeld haben, eine Figur, die die Dinge komplizierter macht, als sie sind, indem sie ihre Reaktion übertreibt. Ausdruck auch auf Männer anwendbar.

Beispiel:
Nina: Bianca! Ich habe gehört, dass der Typ dir nicht einmal den Nachtisch angeboten hat? Wie ist das denn möglich? Ist der verrückt geworden?
Bianca: Ähm... Mir macht das nichts aus...
Nina: Das ist doch Quatsch! Lass ihn fallen!
Bianca: Bitte hör auf, die **Drama Queen** zu spielen!

Dream Concert

"Das größte jährliche K-Pop-Event"

Großes jährliches K-Pop-Event, das in Korea stattfindet. Von der Korea Entertainment Producers Association organisiertes Benefiz-Gruppenkonzert mit bis zu 32 Künstlerteams. Präsentiert jedes Jahr einen neuen Slogan wie "Viva Korea" oder "Mut zu Korea"

Beispiel:
Beim diesjährigen **Dream Concert** werden alle populären Sänger der Top 10 auftreten

드립 Drip [dŭ-rip]

"Improvisierte Sprache"

Stammt vom Begriff "adlib" aus der Welt des Rundfunks, bezeichnet die Improvisation in Sitcoms oder Dramen. Im Alltag Begriff für "improvisiertes Sprechen" Kann für eine positive oder negative Bedeutung verwendet werden

Beispiel:
Yena: Ah! Ich habe keinen Cent mehr, verdammt!
Robert: Mach dir keine Sorgen! Ich gebe dir 1 Milliarde, du musst nur 10 Jahre warten!
Yena: Das soll ein *Drip* sein das... Das ist nicht lustig....

덕후 Duk Hoo [dŏk-hŭ]

"Person, die fanatisch auf eine Kultur oder etwas fixiert ist"

Stammt vom japanischen Wort "Otaku 오타쿠", das eine Person bezeichnet, die nur einer Sache anhängt. Bezeichnet den Zustand einer Person, die auf fanatische Weise so sehr auf etwas fixiert ist, dass sie zum Gegenstand des Spotts würde.

Beispiel:
Kong: Hey Kumpel, was machst du da?
Neal: Ich bin auf einem Date mit Yumi.
Kong: Äh..... Aber sie ist doch eine Puppe ...
Kong: Du bist hart zu der Liebe meines Lebens!
Neal: Du bist echt unverbesserlich Yumi *Duk Hoo*...

뒷북 Dwit Book [dwit-buk]

"Verspätete Reaktion auf einen Takt"

Zusammengesetztes Wort aus "**Dwit** 뒷 hinten/hinten" und "**Book** 북 Trommel" Bedeutet "nicht mit dem Takt mithalten können" und "zu spät auf die Trommel schlagen", bezeichnet also eine Person (oder ein Verhalten), die langsamer als normal ist und eine schlechte Auffassungsgabe hat.

Beispiel:
Kiho: Wow! Dae Bak! Ich habe gehört, dass Gangnam Style auf der ganzen Welt ein Hit ist!
Youngsoo: Was ist das für ein *Dwit Book?* Bist du blöd, wir haben 2016, das ist schon vier Jahre her...

에바 E Ba [e-ba]

"Überreaktion"

Von Jugendlichen verwendetes Wort, das aus einer Mischung aus
"**Error** 에러 Fehler" und "**Over** 오바 drüber" entstanden ist.
Bezeichnet eine unnötig übertriebene Reaktion.

Beispiel:
Reina: Mein Gott! Ich glaube, die BTB oppas lieben mich!
Joey: Warum ist das so?
Reina: Ich habe ein Autogramm mit einem Herz bekommen!
Joey: Mach nicht *E Ba*. Alle meine Kumpels haben auch ein
Herz bekommen.

엑박 Ek Bak [ek-bak]

"Bild nicht gefunden"

Zusammengesetztes Wort aus dem Englischen "**Eks** 엑스 ("X")" und
"**Bak** Seu 박스 box", einer Box mit einem Kreuz (einem X), die
angezeigt wird, wenn es einen Fehler auf einer Internetseite gibt, auf
der Bilddateien nicht erscheinen.

Beispiel:
Da ich die Internetrechnung nicht bezahlt habe, habe ich nur *Ek Bak* auf meinem Bildschirm.

어부바 Eo Boo Ba [ŏ-bu-ba]

"Sich auf dem Rücken tragen lassen"

In K-Drama-Klischees in Szenen verwendet, in denen sich die völlig
betrunkene Heldin auf dem Rücken des Helden tragen lässt und ihm
unbewusst ihre Liebe erklärt.

Beispiel:
Eunice war betrunken, also habe ich sie *Eo Boo Ba* getragen und sie hat sich
auf meinen Rücken übergeben. Ah ... Das hält warm ...

어장관리 Eo Jang Gwan Ri [ŏ-jang-gwan-li]

"Sich wie ein Paar verhalten, obwohl man es nicht ist"

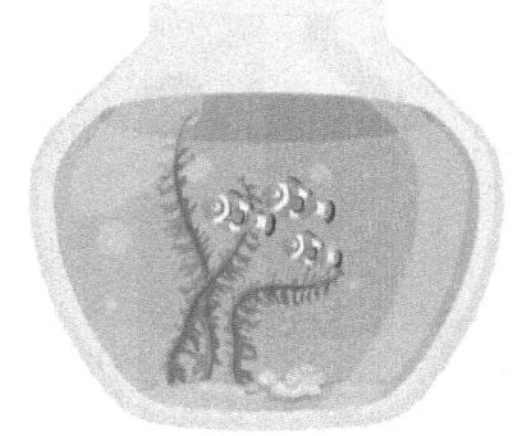

Zusammengesetztes Wort aus "**Eo Jang 어장** Angelplatz" und "**Gwan Ri 관리** Unterhalt" Bezeichnet die Tatsache, dass man Beziehungen zu Personen des anderen Geschlechts in seinem Umfeld aufrechterhält, als würde man die Fische eines Angelplatzes pflegen. Charakteristisch ist, dass man den anderen im Unklaren lässt, indem man ihn glauben lässt, dass man irgendwann eine Beziehung mit ihm eingehen wird, obwohl dies nicht der Fall ist.

Beispiel:
Er kontaktiert mich jeden Tag, aber er schlägt nicht vor, dass wir uns treffen... Was für ein Idiot, vielleicht macht er *Eo Jang Gwan Ri?*

어머니 Eo Meo Ni / O Mo Ni [ŏ-mŏ-ni]

"Meliorative Bezeichnung für eine Mama" ("Mutter" auf Deutsch).

Wird auch verwendet, um die Schwiegermutter anzusprechen.

Beispiel:
Jenny: Ich bin nervös, weil *O Mo Ni* kommen wird.
Soya: Deine *O Mo Ni?*
Jenny: Nein, meine Schwiegermutter.

언플 Eon Peul [ŏn-pŭl]

"Manipulation der Presse"

Zusammengesetztes Wort aus "**Eno** Ron **언론** Medien" und dem englischen "**Play 플레이** spielen" Die Schaffung und Pflege des Images ihrer Künstler durch Unternehmen des Showbusiness (Plattenfirmen, Talentmanagementagenturen usw.), indem sie die Medien strategisch mit Stoff für Klatsch und Tratsch oder für Artikel versorgen.

Beispiel:
Heute gab es mindestens 15 Artikel über Miryo. Mein Gott... es ist schlimm mit dem ganzen *Eon Peul.*

어서 오세요 Eo Seo O Se Yo [ŏ-sŏ o-se-yo]

"Willkommen" (wörtlich "komm schnell", Synonym für "Ich heiße dich willkommen 환영합니다")

Ausdruck, der verwendet wird, um einen Gast willkommen zu heißen oder die Freude über das Wiedersehen zu zeigen.

Beispiel:
"*Eo Seo O Se Yo!*" rief der Besitzer des Restaurants freudig.

의리 Eui Ri [ŭi-ri]

"Loyalität"

Wort, das Freundschaft und Loyalität zwischen Menschen (vor allem Männern) bezeichnet. Es war das Markenzeichen des Schauspielers Kim Bo Seong, eines "**Eui-Ri**-Mannes", da er das Wort immer und überall benutzte. Es wurde dann zu einem Modewort seit seiner Getränkewerbung mit dem Konzept "**Eui Ri**" Unabhängig von der lexikalischen Bedeutung auch ein Wort, das verwendet wird, um Zustimmung auszudrücken.

Beispiel:
Bo: A Ssa! Ich habe meine Hausaufgaben gemacht! *Eui Ri!*
James: Gut gemacht! Wollen wir ein Bier trinken?
Bo: *Ein Bier? Eui Ri*! Los geht's!

음악 Eum Ak [ŭm-ak]

"Musik"

Wort, das aus den chinesischen Schriftzeichen "**Eum**음 音" für "Klang" und "**Ak** 악 樂" für "genießen" und "singen" zusammengesetzt ist.

Beispiel:
Welches *Eum Ak* gefällt Ihnen am besten?

응원 Eung Won [ŭng-wŏn]

"Ermutigung"

In der Welt des K-Pop eine Art Akt der Ermutigung/Unterstützung eines Prominenten, der als "Fan-Gesang" bekannt ist. Die Handlung, seine Unterstützung zu zeigen, indem man z. B. aufblasbare Stäbe oder Leuchtstäbe während einer Show des Sängers verwendet.

Beispiel:
Hast du die Leuchtstäbe mitgenommen? Das ist *Eung Won* time!

Eye Smile

"Mit den Augen lächeln

Die Augen beim Lächeln halbmondförmig zu haben, was es zu einem weiteren eigenständigen Lächeln macht. Ebenfalls ein Symbol für Ae Gyo.

Beispiel:
Ninas *Eye Smile* kann jeden Mann verführen.

Fan Boy/Fan Girl

"Ein glühender Fan"

Leidenschaftliche Fans, die alles unterstützen und lieben, was das Idol, das sie mögen, tut.

Beispiel:
CD, Kappe, T-Shirt, ... Da ich alles habe, was mit 5 Men zu tun hat, bin ich ein echter *Fan Boy!*

Fan Cam

"Video, das direkt von einem Fan gefilmt wurde"

Video, das von einem Fan selbst bei einem Konzert oder einer Veranstaltung gefilmt wurde und nicht von einem Profi wie einem Paparazzi oder Journalisten. Einige Sa Seng Fans sind problematisch, da sie grenzwertige Verhaltensweisen an den Tag legen, wie z. B. in die Wohnung von Idols einzudringen und deren Privatleben zu filmen.

Beispiel:
Manchmal wirken die von *Fan Cam* gefilmten Videos realer.

Fan Chant

"Satz, der während eines Auftritts als Zeichen der Ermutigung gerufen wird"

Ein Satz, der von den Fans während der kurzen Momente, in denen der Sänger nicht singt (Instrumentalteil), gerufen wird, z. B. der Name des Sängers oder der Band.

Beispiel:
"BTS! BTS! One and Only BTS!", rief der Fan Club den *Fan Chant*.

Fan Club

"Club zwischen den Fans" ("Fan-Club" auf Deutsch, aber englischsprachige K-Pop-Fans verwenden die Schreibweise "Fan Club").

Ein Club, der von Personen gegründet wurde, die denselben Prominenten lieben und ihre Zuneigung durch verschiedene Aktivitäten zum Ausdruck bringen. In der Regel hat jeder Club seinen eigenen Namen, eine Bedeutung, eine Farbe und einen rivalisierenden **Fan Club**.

Beispiel:
Der *Fan Club* unserer Oppa ist viel besser als der *Fan Club* deiner Oppa!

Fan Fiction

"Von einem Fan geschriebener Roman, in dem
sein Lieblings-Idol vorkommt"

Von einem Fan selbst verfasster Roman, in dem sein Idol
in einer fiktiven Inszenierung vorkommt und in dem er
Liebesbeziehungen unterhält.

Beispiel:
Kayla hat eine *Fan Fiction* geschrieben, in der der Oppa, den sie liebt,
vorkommt. Natürlich ist die Heldin sie selbst.

Fan Service

"Eine besondere Geste zur Unterhaltung der Fans"

Bezeichnet einen Service, der den Fans freiwillig oder auf
Wunsch von jemandem angeboten wird, z. B. Ae Gyo machen
oder ein bestimmtes Lied singen.

Beispiel:
Seho, der oft Fotos mit den Fans macht und viele Autogramme
gibt, ist für seinen Super *Fan Service* bekannt.

Fansub

Untertitel, die von Fans in ihre Sprache übersetzt werden

Untertitel von fremdsprachigen Filmen, Dramen, Liedern usw.,
die direkt von den Fans in ihre Sprache übersetzt werden.
Der internationale Erfolg von K-Pop und K-Drama wurde durch
ihre Bemühungen ermöglicht. Es handelt sich um unbezahlte
Freiwilligenarbeit, die aus der selbstlosen Leidenschaft der Fans
kommt. Oft ist die Qualität besser als die eines offiziellen
Übersetzers, da die Fans K-Pop und K-Drama sehr gut kennen.

Beispiel:
Gestern gab es eine neue Drama-Episode in Korea, und es gibt bereits den *Fansub* auf
Deutsch! Deutsche Fans sind die besten!

Fan Wars
"Kriege zwischen Fanclubs"

Streit zwischen Fanclubs, die sich gegenseitig beneiden oder hassen. Manchmal so heftig, dass es wirklich an einen Krieg erinnert. Es kommt vor, dass Konzerte der rivalisierenden Band mit einem Black Ocean gestört/unterbrochen werden usw.

Beispiel:
Hul! Sie haben während des Konzerts unserer Oppa einen Black Ocean gemacht! Das ist *Fan War!*

Fandom
"Fangemeinde"

Bezeichnet die Gemeinschaft von Fans, die durch ein gemeinsames Interesse und ihre Leidenschaft vereint sind. Bilden eine Sympathiebindung durch Idol, Band, TV-Show, Film, Buch usw.

Beispiel:
Da alle Idols in dem Drama "I Love You, You Love Me" mitspielen, hat es ein riesiges *Fandom.*

Fashionista
"Person mit Sinn für Stil"

Bezeichnet Personen mit einem ausgezeichneten Sinn für Stil wie GD von Big Bang. Das Antonym ist "fashion terrorist"

Beispiel:
Unser Oppa hat einen so guten Sinn für Stil, dass er ein Vorbild sein könnte! Er ist ein echter *Fashionista!*

Feels
"Starkes und großes Gefühl"

Überwältigendes Gefühl, das plötzlich in Strömen fließt. Äußert sich durch Symptome wie Schreien oder Weinen. Dieses mit Worten schwer zu beschreibende Gefühl tritt auf, wenn man einen Idol sieht, den man mag, oder wenn man ein Drama oder einen Film sieht, mit dem man sich identifiziert.

Beispiel:
Wenn ich das Lied von unserem Oppa höre, habe ich wirklich eine Flut von *Feels.*

화이팅 Fighting/Hwaiting [hwa-i-ting]
"Toi Toi Toi!"

Gebrülltes Wort, um die Einheit zu motivieren und den Kampfgeist zu wecken. Wird oft bei Sportspielen verwendet, bewirkt, dass man selbstbewusster wird, wenn man es zu sich selbst sagt. Es handelt sich um Konglish, das englischsprachige Menschen nicht verstehen.

Beispiel:
Hey! Das Spiel beginnt! *Fighting* Korea!
Ja, das kann ich machen. *Hwaiting!*

Finger Heart
"Handgeste, die die Liebe symbolisiert"

Die Geste, ein kleines Herz zu formen, indem man Daumen und Zeigefinger überkreuzt. Es gibt keine hundertprozentig sichere Geschichte darüber, wer sie erfunden hat, aber es wird angenommen, dass sie in Korea ihren Anfang nahm und die Geste daher **Korean Finger Heart** genannt wird. In einigen Ländern wird sie mit der Geste zum Zählen von Geld verwechselt.

Beispiel:
Ich dachte, Oma würde mir Taschengeld geben, aber in Wirklichkeit hat sie ein *Finger Heart* gemacht.

꽃미남 / Kkot Mi Nam / Flower Boy

"Junger Mann von großer Schönheit" [kkot-mi-nam]

Wort, das sich aus den Wörtern **"Kkot** 꽃" für "Blume" und **"Mi Nam"** für "schöner Mann" zusammensetzt. Bezeichnet einen jungen Mann, der eine große Schönheit besitzt, die einer hübschen Blume gleichkommt. Englischsprachige K-Pop-Fans verwenden den wörtlich übersetzten Ausdruck *Flower Boy.*

Beispiel:
Wie kann ein Mann so schön sein? Taeyong ist wirklich ein *Flower Boy*. In Korea *Kkot Mi Nam!*

가지마 Ga Ji Ma [ga-ji-ma]

"Ein Herz zurückbringen" (auf Deutsch: "Geh nicht weg").

Replik in einem Drama, die in den tragischsten Momenten herauskommt. Wort, das fallen gelassen wird, um zu versuchen, das verschlossene Herz, das im Begriff ist zu gehen, zurückzuholen. Zauberwort, das Paare rettet, die nach einem heftigen Streit kurz vor der Trennung stehen.

Beispiel:
Die Freundin: Adieu. Wir hatten eine schöne Zeit. Lass es dir gut gehen.
Die Freundin: *Ga Ji Ma!*
Die Freundin: Es hat keinen Sinn, mich zurückzuhalten.
Der Freund: Nein, das ist es nicht, gib mir 10.000 Won. Ich habe nichts, um das Taxi zu bezahlen.

갑 / 을 Gab / Eul [gab / ŭl]

"Der Starke/der Schwache"

Macht-/Autoritätsverhältnis in Verträgen oder sozialen Strukturen: *Gab* bezeichnet die Person in der vorteilhaften Position, die die meiste Macht hat (z. B. der Käufer); *Eul* bezeichnet den Schwachen, der auf die Forderung des Gab reagieren muss (z. B. der Verkäufer).

Beispiel:
In den meisten Verträgen wird das Unternehmen als *Gab* und der Mitarbeiter als *Eul* bezeichnet.

개취 Gae Chwi [gae-chwi]

"Persönlicher Geschmack"

Zusammenziehung von "**Gae In 개인** Individuum, persönlich" und "**Chwi Hyang 취향** Geschmack, Vorliebe" Bezeichnet die Tatsache, dass man von einer Sache fasziniert ist, die von anderen als ungewöhnlich wahrgenommen wird.

Beispiel:
Jenny: Ich liebe es, in Kimchi gewickelte Avocados zu essen.
Mark: Igitt!
Jenny: Eh, ein bisschen Respekt für *Gae Chwi?*

개이득 Gae I Deuk [gae-i-dŭk]

"Ein großer Gewinn, Gewinn"

Zusammengesetztes Wort aus "**Gae 개** (Vulgärsprache zur Betonung oder Hervorhebung, entspricht "putain de", wird nie vor älteren Menschen oder öffentlichen Veranstaltungen verwendet)", das die Betonung markiert, und "**I Deuk 이득**, Gewinn" Ausdruck, der verwendet wird, um einen unerwarteten Gewinn oder Gewinn zu bezeichnen.

Beispiel:
Da ich es für 200 $ gekauft und für 500 $ wieder verkauft habe, ist es ein *Gae I Deuk!*

Goods

Ware in Verbindung mit einem Idol

Wort aus dem Englischen "**Goods 굿즈**", das "Ware/Produkt" bedeutet. Es handelt sich um Waren, die von einer Plattenfirma produziert werden, um ihre Band zu bewerben. Unter Verwendung des Logos, des Namens, der Fotos usw. der Band können verschiedene Dinge wie T-Shirts, Socken, Kalender, Fotoalben usw. produziert werden. Produkte, die zu hohen Preisen verkauft werden, für limitierte Auflagen oder Produkte, die ein Autogramm enthalten. "Fan Merchandise" auf Englisch.

Beispiel:
Ich habe in meine Bücher geschaut, letztes Jahr waren 90% meiner Ausgaben für den Kauf von Oppas *Goods.*

Gifticon

Geschenkkarte/Gutschein, der über ein Smartphone verschenkt werden kann

Zusammengesetztes Wort aus dem Englischen **"Gift 기프트** cadeau" und "Emo**ticon** 이모티콘 Emoji" Man kann sie über Smartphone-Messaging-Apps wie Kakao Talk verschenken und erhalten. In Korea sind Gutscheine für Starbucks-Kaffee am beliebtesten.

Beispiel:
Herzlichen Glückwunsch zum Geburtstag! Ich schicke dir 10 Starbucks *Gifticons!*

갠소 Gaen So [gaen-so]
"Auf private Weise aufbewahren"

Zusammengesetztes Wort aus "**Gae In 개인** privat" und "**So** Jang 소장 Erhaltung" Sollte normalerweise "Gae So" geschrieben werden, Teenager sagen jedoch "Gaen So" Bezeichnet das Bewahren ohne die Absicht zu teilen.

Beispiel:
(Tony findet im Internet ein sexy Foto von einem Idol.)
Tony: Oh... Das ist für *Gaen So.*

감 Gam [gam]
"Sensation/Impression"

Ein Eindruck oder eine Vorhersage, die schwer zu erklären ist, aber auf überraschende Weise eintritt. Viele Menschen glauben, dass dies auf ein Erlebnis in der Vergangenheit, eine Erinnerung oder eine andere übernatürliche Erklärung (wie ein Schutzengel) zurückzuführen ist.

Beispiel:
Wenn mein *Gam* sich nicht täuscht, ist das diesjährige Dae Sang für unsere Oppas!

감독 Gam Dok [gam-dok]

"Die Person, die die Verantwortung trägt (ein Trainer für eine Sportart, ein Regisseur für einen Film)"

Bezeichnet die Person, die die Verantwortung übernimmt und die Produktion für eine Fernsehsendung oder einen Film leitet oder die Aufsicht für eine Sportmannschaft übernimmt.

Beispiel:
Der Film "K-Pop Legends" ist Bae Ji Ho's erste Arbeit als *Gam Dok*.

강추 Gang Choo [gang-chu]

"Sehr empfehlenswert"

Zusammenzug aus "**Gang** Ryeok 강력 stark" und "**Choo** Cheon 추천 Empfehlung" Wenn ein Idol, das man liebt, ein Produkt mit diesem Begriff bezeichnet, wird ein Fanboy/Fangirl bedingungslos seine Brieftasche öffnen.

Beispiel:
Was unsere Oppas machen *Gang Choo* muss man bedingungslos kaufen!

강남 Gang Nam [gang-nam]

"Reicher Stadtteil von Seoul"

Die lexikalische Bedeutung bedeutet "südlich des Flusses" (der Fluss ist hier der "Han Gang", der durch das Zentrum von Seoul fließt). Bezeichnet allgemein "die 3 Bezirke von Gang Nam", d. h. "Seocho-gu 서초구, Gangnam-gu 강남구 und Songpa-gu 송파구" Stadtteil, der sich durch seine Bewohner auszeichnet, die ausländische Luxusautos, hohe Einkommen und ein besonderes Interesse an Bildung besitzen. Kann mit den Beverly Hills in den USA oder Ginza in Japan verglichen werden.

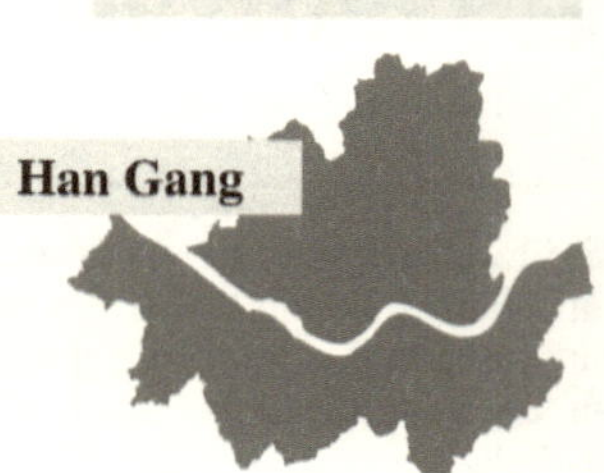

Beispiel:
Betrinkt man sich in Hong Dae zum kleinen Preis oder in *Gang Nam* zum großen Luxus?

강남스타일 Gang Nam Style

"Der international erfolgreiche Song von Psy"

Der wichtigste Song von Psy, der 2012 einen internationalen
Erfolg erzielte. Seine Choreografie, der Pferdetanz, ist genauso
beliebt wie das Lied. Das Musikvideo war eine Zeit lang das
meistgesehene Video in der Geschichte von YouTube.
Außerdem enthält das Lied "den Lebensstil der Menschen in
Gang Nam", d. h. ein reiches und freies Leben voller Partys.

Beispiel:
Es gab noch keinen K-Pop-Song mit einer so großen Wirkung wie *Gang Nam Style, oder?*

간지 Gan Ji [gan-ji]

"Einen guten Geschmack (für Mode) haben", "schick"

Aus dem Japanischen stammendes Wort "感じ" für
Empfindung und Eindruck, enthält eine ähnliche Bedeutung
wie der englische Ausdruck "SWAG", der meist in der Welt
des Hip-Hop verwendet wird. Das Wort wird auch
verwendet, um Bewunderung und Staunen auszudrücken.

Beispiel:
Tim: Eine Gucci-Sonnenbrille, ein Armani-Anzug, Prada-Turnschuhe ... Plus 50 *Gan Ji-*
Punkte!
Bo: Wow! Was für ein *Gan Ji*! Und minus 5.000.000 Won für dein Bankkonto!

가온차트 Gaon Chart

"Offizielle Musik-Charts"

Die einzige offizielle Musik-Charts (der meistverkauften
Alben), die von der Korea Creative Content Agency
(KOCCA) zertifiziert wurde. Sehr zuverlässige Rangliste, da
sie Großeinkäufe oder Massendownloads nicht
berücksichtigt, um künstlich in der Rangliste aufzusteigen.

Beispiel:
Color Pop steht auf Platz 1 der *Gaon Charts*! Wow, das ist riesig!

가사 Ga Sa [ga-sa]
"Worte"

Eines der wichtigsten Elemente eines guten Liedes. Es gibt viele Fälle, in denen ein Lied, auch wenn es nicht außergewöhnlich ist, aufgrund seiner ungewöhnlichen *Ga Sa* populär wird.

Beispiel:
Angel singt gut, aber vor allem schreibt sie ihre *Ga Sas* selbst, wodurch sie überzeugender wirkt.

가싶남 Ga Ship Nam [ga-ship-nam]
"Ein begehrenswerter Mann"

Zusammenziehung von "**Ga** Ji Go **Ship** Eun 가지고 싶은 den Wunsch zu besitzen erweckend" und "**Nam** Ja 남자 Mann" Auch das Objekt der Fantasie von Fanboy/Fangirl. Achte darauf, dass du nicht zum **Ga Ship Nam** eines Sa Seng Fans wirst, was sehr problematisch sein kann.

Beispiel:
Ich möchte meinen Oppa zu Weihnachten haben! Ah, mein *Ga Ship Nam!*

가요 Ga Yo [ga-yo]
"Koreanischer Pop"

Die lexikalische Bedeutung ist "Pop", aber der Begriff bezieht sich auch auf jede Art von populärer Musik wie K-Pop-Tanzmusik, Trot, Ballad usw.

Beispiel:
Die Ballad ist meine Lieblingsgattung von *Ga Yo.*

가요대전 Ga Yo Dae Jeon [ga-yo-dae-jŏn]

"K-Pop-Festival, das am Ende des Jahres stattfindet"

K-Pop-Festival, das von SBS organisiert wird. Früher wurden bei diesem Festival Preise an Sänger vergeben, jetzt wird es zu einem Konzert umgewandelt, das jeder genießen kann.

Beispiel:
Ah, es ist schon wieder Ende des Jahres. Ich bin traurig, dass ich ein weiteres Jahr brauche, aber ich freue mich, meine Oppas beim *Ga Yo Dae Jeon zu* sehen.

개인기 Gae In Gi [gae-in-gi]

"Besondere Begabung, die eine Person besitzt"

Zusammengesetztes Wort aus "**Gae In 개인** Individuum" und "**Gi 기** Talent/Geschenk" Was Teilnehmer in koreanischen Fernsehsendungen als Stimmimitation, Nachsingen, Beatboxing, Tanzen usw. vorführen, ist **Gae In Gi**s.

Beispiel:
Rosario: Ah, mein Freund hat mir gestern ins Gesicht gefurzt!
Mina: Super *Gae In Gi!*

거짓말 Geo Jit Mal [gŏ-jit-mal]

"Lüge"

Die Ursache aller Missverständnisse und Verdächtigungen. Die grundlegende Ursache für komplizierte menschliche Beziehungen wie Dreiecksbeziehungen.

Beispiel:
Was meinst du damit, dass du schon als Kind hübsch warst? *Geo Jit Mal!* Ich habe Fotos von dir als Kind gesehen.

금수저 Geum Soo Jeo [gŭm-su-jŏ]
"Person, die in einer wohlhabenden Familie geboren wurde"

Zusammengesetztes Wort aus "**Geum** 금 or" und "**Soo Jeo** 수저 gedeckt"
Bezeichnet eine Person, die in eine wohlhabende Familie hineingeboren
wurde und im Laufe ihres Lebens alle Arten von Privilegien genießt.
Begriff, der häufig verwendet wird, um über die Ungleichheit zwischen
den sozialen Klassen zu sprechen. Gegensatz zu Heuk Soo Jeo.

Beispiel:
Layla: Ah, ich möchte die da so gerne schlagen!
Sam: Hm, das sollte man besser nicht tun.
Layla: Warum?
Sam: Ich habe gehört, dass sie eine *Geum Soo Jeo* ist, die viele Beziehungen hat!
Layla: Sam: Ach so? Sam: Na gut, dann lasse ich es dieses Mal einfach laufen.

급 Geup [gŭp]
"Plötzlich"

Präfix mit der Bedeutung "plötzlich", wird vor einem Nomen verwendet, um Spannung
auszudrücken.

Beispiel:
Der Junge: Nimm deinen Koffer! Wir fliegen heute nach Hawaii!
Die Mädchen: Hul! *Geup* Reise!

GG
"Kapitulation"

In Online-Spielen verwendeter Begriff, Initialen von "Good Game", die man
am Ende eines Spiels sagte, um sich zu begrüßen. Wenn man sichere
Anzeichen für eine Niederlage hat, bedeutet **GG** zu sagen, dass man
kapituliert oder seine Niederlage akzeptiert.

Beispiel:
Die Freundin: Sag es mir ehrlich! Warum hattest du gestern dein
Handy ausgeschaltet? Was hast du da gemacht? Willst du abkratzen?
Der Freund: *GG*...

기사 Gi Sa [gi-sa]

"Artikel aus Zeitungen/Nachrichten"

Kann für einen Prominenten Gift oder Medizin sein. Ein **Gi Sa**, das von einem böswilligen Journalisten verfasst wurde, kann einen Prominenten über Nacht zum Schurken machen, und umgekehrt kann ein **Gi Sa**, das von einem wohlwollenden Journalisten verfasst wurde, einen anonymen Künstler über Nacht zum Bond-Berühmtheiten machen.

Beispiel:
Hast du das *Gi Sa* gesehen? Sie waren wirklich zusammen!

GIFs

"Kurzes Video, das sich bewegt"

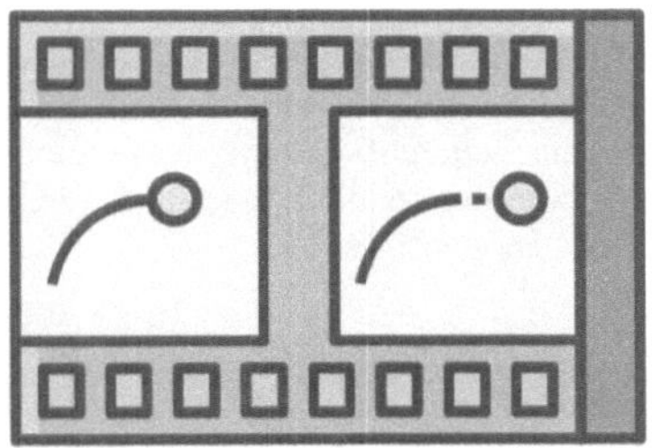

Ein verkürztes Video. Meistens ein lustiger Aspekt oder ein sexy Tanz eines Idols. Diese Dateien werden GIF genannt, weil es sich um Dateien des Typs **G**raphics **I**nterchange **F**ormat handelt.

Beispiel:
JMir ist langweilig, gibt es nicht vielleicht irgendwo ein paar lustige *GIFs?*

긴장 Gin Jang [gin-jang]

"Anspannung"

Nervöser Zustand aufgrund von Ungeduld, Aufregung oder Unruhe.

Beispiel:
Ha ... Ich werde oppa morgen bei der Autogrammstunde persönlich sehen ... Ich bin *Gin Jang*

Girl Crush

"Phänomen, bei dem eine Frau in den Bann einer weiblichen Berühmtheit gerät"

Bezeichnet die Bewunderung, die eine Frau für eine weibliche Berühmtheit empfindet, die das Idealbild hat, das sie gerne hätte. Begriff unterscheidet sich von Homosexualität.

Beispiel:
Unnie! Du bist so sexy! Du bist wirklich ein *Girl Crush*!

고소미 Go So Mi [go-so-m]

"Klage erheben/anzeigen"

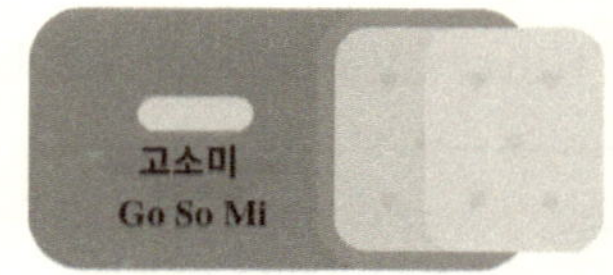

Dies ist der Name einer koreanischen Keksmarke, der von Jugendlichen als Scherz verwendet wird, da der Anfang des Markennamens identisch ist mit "**Go So 고소**" in "Klage erheben/anzeigen"

Beispiel:
Micky: LOL ich habe ein Akpeul zu seinem Bild hinzugefügt.
Vince: Pass auf. Du könntest einen *Go So Mi* essen.
Micky: Der Keks? Ich liebe *Go So Mis!*
Vince: Nicht die Kekse, du wirst eine Beschwerde bekommen!

고구마 Go Goo Ma [go-gu-ma]

"Erstickende Sache/Person"

Bezeichnet eine Person (oder Situation), die nichts versteht oder keine Einsicht hat, um zu sagen, dass sie uns erstickt, wie das Ersticken, das man empfindet, wenn man Süßkartoffeln ohne Getränk isst.

Beispiel:
In dem Drama, das ich mir in letzter Zeit ansehe, ist es bereits über zwei Monate her, dass der Held nicht in der Lage war, "Ich liebe dich" zu sagen. Ah! Das ist zu frustrierend, so *Go Goo Ma*.

Golden Disk Awards

"Prestigeträchtige jährliche Preisverleihung"

Prestigeträchtige jährliche Veranstaltung, die 1986 von der
Recording Industry Association of Korea ins Leben gerufen wurde.
Auszeichnung für diejenigen, die im Laufe des Jahres herausragende
Werke in der Musikindustrie hinterlassen haben.

Beispiel:
Unsere Oppas haben dieses Jahr 3 All-Kills gemacht, es ist
unmöglich, dass sie bei den *Golden Disk Awards* nicht den
ersten Preis bekommen.

고마워 Go Ma Wo [go-ma-wŏ]

"Ausdruck für Danksagung ohne Formalismus"

Ausdruck, um unter Freunden einen formlosen Dank auszusprechen.
Wenn man "Yo 요" am Ende hinzufügt, wird das Register halbunterstützt

Beispiel:
Fan: Oppa! Weil du unser Idol bist: *Go Ma Wo Yo*!
Oppa: Ich auch *Go Ma Wo!*

공식/비공식 Gong Sik/Bi Gong Sik

[gong-shik/bi-gong-shik]

"Offiziell/nicht offiziell"

Begriff, der verwendet wird, um zu unterscheiden, ob etwas von einer
Stelle mit öffentlicher Glaubwürdigkeit (wie einer Agentur) zertifiziert
wurde oder nicht.

Beispiel:
Monica: Wow! Ich habe gerade Konzertkarten gewonnen!
Hyeri: Wirklich? Und wo?
Monica: Ähm ... auf Fanclubs.com.
Hyeri: Hey, das ist keine *Gong Sik*-Fan Club seite ... Das könnte eine *Bi Gong Sik*-Seite sein,
sei vorsichtig!

공홈 Gong Home   [gong-hom]

"Offizielle Seite"

Zusammenzug aus "**Gong** Sik 공식 offiziell" und
"**Home** Page 홈페이지 Startseite" Die Wahrheit über
Nachrichten oder Gerüchte über Idols kann auf dem
Gong Home überprüft werden.

Beispiel:
Rabab: A Ssa! Hexo wird ein Comeback feiern!
Jihoon: Hör auf zu mythologisieren! Wer hat das gesagt?
Rabab: Ich habe es auf dem *Gong Hom* gesehen!
Jihoon: Hul... Dann ist es also wahr.

공연 Gong Yeon   [gong-yŏn]

"Aufführung"

Eine Veranstaltung wie ein Konzert, ein Musical usw., bei der
man die Darbietung eines Sängers oder Schauspielers sehen
kann. Wird in bezahlte (Dream Concert usw.) und unbezahlte
(Guerilla Concert, Street Busking) Shows unterteilt.

Beispiel:
Ich werde morgen den *Gong Yeon* aus unserer Oppa
sehen! Ich bin schon ganz aufgeregt

군대 Goon Dae   [gun-dae]

"Die Armee"

Ort, an den alle koreanischen Männer über 20 Jahren aus
Pflichtgefühl gehen. Die Dauer des Militärdienstes beträgt
21 Monate für das Heer und 23 Monate für die Marine und
die Luftwaffe. Während ihres Dienstes in der Armee dürfen
Idols keiner Erwerbstätigkeit nachgehen, wie z. B. in einer
Fernsehsendung auftreten oder ein Konzert geben.

Beispiel:
Ich bin zu traurig, oppa geht zu *Goon Dae* :'(Wir können ihn zwei Jahre
lang nicht sehen...

군대리아 Goon Dae Ria [gun-dae-ri-a]
"Hamburger, der in der Armee serviert wird"

Zusammengesetztes Wort aus "**Goon Dae** 군대 Armee" und dem Namen "Lotte**ria** 롯데**리아**", die eine Franchise-Hamburgerkette in Korea ist, bezeichnet den Hamburger, der der Armee serviert wird, der den schlechten Ruf hat, eine schlechte Zusammensetzung zu haben. Diskussionsthema, auf das Männer nicht verzichten können, wenn sie über das Leben in der Armee sprechen.

Beispiel:
Wow. Wie kann das so schlecht sein... Es ist sogar noch schlechter als *Goon Dae Ria.*

궁예 Goong Ye [gung-ye]
"Die Kunst, Gedanken zu lesen"

Ausdruck von "**Gung Ye**", einer Figur aus dem erfolgreichen historischen Drama "Tae Jo Wang Geon 태조왕건", die sagt, sie könne die Gedanken anderer Menschen lesen. Ausdruck für eine Person, die sich um viele Dinge kümmert und behauptet, alles zu wissen.

Beispiel:
Die Tochter: Ich weiß alles. Du bist mir verfallen, was?
Nick: Würdest du bitte aufhören, dich wie *Gung Ye* aufzuführen? Ich bin nicht interessiert.

궁디팡팡 Goong Di Pang Pang
"Kompliment" [gung-di-pang-pang]

Ein aus dem Dialekt "**Gung Di** 궁디" für "das Gesäß" und der Lautmalerei "Pang **Pang** 팡팡" zusammengesetztes Wort, das den Klang imitiert, wenn man auf das Gesäß klopft, bezeichnet die Handlung des sanften Klopfens auf das Gesäß als Zeichen eines Komplimentes.

Beispiel:
Juri: Mama ich habe heute in einem Test 20 von 20 Punkten erreicht!
Die Mutter: Gut gemacht! Komm her, damit ich dir *Gung Di Pang Pang* machen kann

고수 Go Su [go-su]

"Person mit außergewöhnlichen Fähigkeiten in einem Bereich"

Von koreanischen Online-Gamern verwendetes Wort, dessen Gebrauch sich verbreitet hat, weil es von Ausländern unverändert verwendet wird. Gegensatz zu Cho Bo.

Beispiel:
Hyorim, der einen schwarzen Gürtel hat, ist *Go Su* von Taekwondo.

Guerilla Concert

"Unangekündigtes Konzert ohne vorherige Ankündigung"

Wort aus der Sendung "Il Yo Il Yo Il Bam E 일요일 일요일 밤에 Sonntag, Sonntagabend", die erfolgreich auf MBC ausgestrahlt wurde. Ein Sänger mit dem Sonderauftrag, ein unangekündigtes Konzert ohne vorherige Ankündigung zu geben, muss durch die Straßen ziehen und für ihn werben. Das Konzert kann nur stattfinden, wenn er mehr als 5 000 Zuschauer zusammenbringen kann.

Beispiel:
Charlie: Ich habe gerade eben AOB auf der Straße gesehen!
Jennifer: Dae Bak! Vielleicht machen sie ein *Guerilla-Konzert.*

관종 Gwan Jong [gwan-jong]

"Rampensau","Attention whore"

Zusammenziehung von "**Gwan** Shim 관심 Aufmerksamkeit" und "**Jong** Ja 종자 Rasse" Person mit einem ständigen Bedürfnis nach Aufmerksamkeit und Anerkennung. In den schlimmsten Fällen veröffentlichen diese Personen gefälschte Posts, um Likes in sozialen Netzwerken zu erhalten.

Beispiel:
Gyuri: Hey, warst du gestern auf der Party? Ich habe gesehen, dass du auf Facebook eingecheckt hast....
Wonmi: Nein, lol. Ich habe es nur zum Schein gemacht, um Likes zu bekommen.
Gyuri: Ah, du bist eine echte *Gwan Jong.*

괜찮아 Gwen Cha Na [gwaen-cha-na]

"Alles halb so schlimm", "Es ist in Ordnung"

Ausdruck, der bedeutet, dass es kein Problem gibt. Wenn ein Idol bei einer Show auf der Bühne einen Fehler macht, rufen die Fans gemeinsam **Gwen Cha Na**, um ihn zu ermutigen.

Beispiel:
Hoya: A I Goo! Ich habe Schmerzen, weil ich gefallen bin :'(
Min: *Gwen Cha Na?*
Hyoa: Es tut super weh! Denkst du, die Oppas haben es gesehen?
Min: Nein, ich glaube nicht.
Hyoa: In diesem Fall *Gwen Cha Na!*

귀척 Gwi Cheok [gwi-chŏk]

"So tun, als ob man süß/gut aussieht"

Zusammenziehung von **"Gwi** Yeo Un 귀여운 süß" und **"Cheok** Ha Da 척하다 so tun als ob" Bezeichnet das erzwungene Bemühen, niedlich/schön zu erscheinen. Meist unter Jugendlichen verwendeter Ausdruck.

Beispiel:
Sonya: Bbu Ing Bbu Ing! Oppa: Findest du mich süß?
Adam: Hör auf mit *Gwi Cheok*! Wie alt bist du?

귀차니즘 Gwi Cha Nism [gwi-cha-ni-jŭm]

"Zustand, in dem man am liebsten nichts tun möchte"

Wort, das sich aus **"Gwi Chan** Eum 귀찮음 ärgerlich" und dem englischen Suffix "-ism" zusammensetzt. Bezeichnet den Zustand, in dem man am liebsten nichts tun möchte.

Beispiel:
Die Mutter: Sohn, geh in den Supermarkt und kaufe uns ein paar Eier.
Sohn: Ich kann jetzt nicht gehen, ich bin zu faul!
Die Mutter: Schon wieder *Gwi Cha Nism?*

귀요미 Gwi Yo Mi [gwi-yo-mi]

"Liebenswertes Kind"

Ein Wort, das sich aus "**Gwi Yeom 귀염** adorable" und "**I 이**" zusammensetzt, was "eine Person" bedeutet. Bezeichnet eine niedliche und liebenswerte Person. (Anmerkung: Der korrekte Ausdruck wäre "Gwi Yeom I 귀염이", wird aber der leichteren Aussprache wegen Gwi Yo Mi geschrieben).

Beispiel:
Oppa muss als Baby ein riesiges *Gwi Yo Mi* gewesen sein!

Hard Carry

Person, die die beste Leistung gezeigt hat.

Ein aus den englischen Wörtern "**Hard 하드**" und "**Carry 캐리**" zusammengesetztes Wort, das so viel bedeutet wie "vorwärts gehen und dabei die Mitspieler, deren Niveau im Keller ist, auf den Schultern tragen" Es handelt sich also in Wirklichkeit um Konglish. Synonym für MVP in Sportarten.

Beispiel:
Wow ... Zinédine Zidane hat ganz allein vier Tore geschossen ... Er hat *Hard Carry.*

해장 Hae Jang [hae-jang]

"Seinen Kater besänftigen"

Bezeichnet das Essen von Speisen, nachdem man zu viel getrunken hat, um den Magen zu beruhigen.
In Korea isst man am liebsten suppenähnliche Gerichte.

Beispiel:
Doug: Hic! Ich bin ... Hic! Schon wieder ... Hic! Betrunken ...
Danny: Ich auch! Hic! Komm, wir gehen zu *Hae Jang.*

핵 Haek [haek]

Präfix: "riesig"

Kommt von "**Haek** Pok Tan 핵폭탄 Atombombe", die eine massive Kraft hat. Das Hinzufügen von "**Haek**" vor einem Wort macht die Bedeutung superlativisch. Wie zum Beispiel: "Haek No Jaem 핵노잼 gar nicht lustig" oder "**Haek** Pi Gon 핵피곤 super müde sein"

Beispiel:
Ah der Film gestern war die Langeweile selbst. *Haek* No Jaem

행쇼 Haeng Sho [haeng-sho]

"Tschüß!"

Zusammenziehung von "**Haeng** Bok Ha Ship **Sho** 행복하십쇼 sei glücklich" Ein Ausdruck, der populär wurde, weil G-Dragon ihn benutzte. Sagen "Hallo, mach's gut", wie man im Hip-Hop "peace out" für "good bye" sagt.

Beispiel:
Meine lieben Fans, danke, dass ihr heute gekommen seid! Wir sehen uns bald wieder!
Haeng Sho!

한류 Hallyu [hal-lyu]

"Beliebtheit der koreanischen Kultur"

Zusammenzug aus "**Han** Guk 한국 Korea" und "**Lyu** 류 Welle" Bezeichnet die koreanische Kultur, insbesondere die Unterhaltungsindustrie (K-Pop, Drama, TV-Shows, Filme usw.), die gerade international erfolgreich ist.
(Anmerkung: Sollte eigentlich Han Lyu geschrieben werden, wird aber der leichteren Aussprache wegen **Hallyu** geschrieben).

Beispiel:
Hallyu wird von K-Pop und K-Drama angeführt.

한복 Han Bok [han-bok]

"Traditionelle koreanische Kleidung"

Traditionelle Kleidung der Koreaner, deren Reiz in den kräftigen Farben und den einfachen Linien liegt. Wird an nationalen Feiertagen wie Seollal 설날 oder Chu Seok 추석 getragen. Alle Kleidungsstücke, die von Figuren in historischen Dramen getragen werden, sind **Han Boks.**

Beispiel:
Wenn ich *Han Bok* trage und ins Ausland gehe, sagen mir alle, dass es schön aussieht, und ich fühle mich wie ein Hallyu Star.

합격 Hap Gyuk [hap-gyŏk]

"Aufnahme"

Das Bestehen eines Vorstellungsgesprächs oder einer Prüfung. Begriff, der häufig in Wettbewerbsprogrammen wie Castingshows verwendet wird.

Beispiel:
Kimmy! Wie ist dein Vorsprechen gelaufen? *Hap Gyuk?*

Healing

"Seine Gefühle heilen"

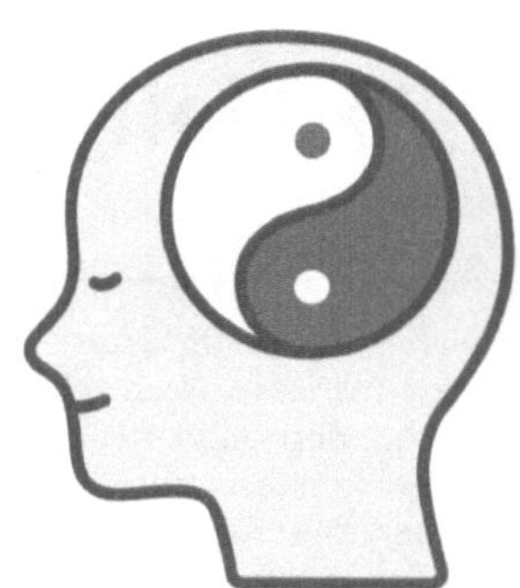

Der Akt, seinen (psychologischen) Stress oder Schmerz zu lindern. Wurde nach der SBS-Sendung **"Healing** Camp" populär, in der die Gäste über ihre Probleme sprachen und die Moderatoren ihnen Trost und Ermutigung spendeten.

Beispiel:
Wie oppa geht zur Armee! Ich bin so traurig, ich brauche *Healing.*

허당 Heo Dang [hŏ-dang]

"Mittelmäßig im Gegensatz zu dem, wie es scheint"

Bezeichnet eine Person, die von außen gut aussieht, in Wirklichkeit aber nichts taugt.

Beispiel:
Gyuho scheint intelligent, aber in Wirklichkeit ist er komplett ein *Heo Dang*. Er ist 14 Jahre alt, kann aber immer noch nicht das englische Alphabet.

허접 Heo Jeob [hŏ-jŏp]

"Mittelmäßig"

Drückt die Mittelmäßigkeit einer Kompetenz oder Fähigkeit aus. Abwertenderer Ausdruck als Heo Dang.

Beispiel:
John ist supergroß, aber er ist ein *Heo Jeob* im Basketball.

허세 Heo Se [hŏ-se]

"Überverpackung"

Bezeichnet das übermäßige Prahlen mit Stolz oder Mut, um schön zu erscheinen oder den anderen zu rühren.

Beispiel:
Mike: Prada-Schuhe, Gucci-Schneider, das kostet nicht so viel, ich bezahle mit Kreditkarte.
Der Angestellte: Sir, Sie haben das Limit Ihrer Kreditkarte erreicht.
Rachel: Tss... Das ganze *Heo Se* für nichts....

흑기사 Heuk Gi Sa [hŭk-gi-sa]

"Ein Mann, der anstelle einer Frau trinkt, die bei einem Trinkspiel verloren hat"

"Schwarzer Ritter, der eine Prinzessin in Gefahr rettet". Bezeichnet einen Mann, der anstelle einer Frau trinkt, wenn diese bei einem Trinkspiel verliert. Im Gegenzug muss die Frau ihm einen Wunsch erfüllen.

Beispiel:
Alle: Sec! Trocken! Sec! Sec! Sec!
Maria: Ich kann wirklich nicht mehr! Kann mir jemand *Heuk Gi Sa* machen?

흑장미 Heuk Jang Mi [hŭk-jang-mi]

"Eine Frau, die anstelle eines Mannes trinkt, der bei einem Trinkspiel verloren hat"

Bedeutet "schwarze Rose" und ist das Gegenteil von Heuk Gi Sa. Im Gegenzug muss der Mann ihr einen Wunsch erfüllen.

Beispiel:
Minkyu: Ich habe wieder verloren!
Brianne: Wenn ich dir *Heuk Jang Mi* mache, gibst du mir dann einen Kuss?
Minkyu: Lieber trinke ich selbst und sterbe.

흙수저 Heuk Soo Jeo [hŭk-su-jŏ]

"Person, die in einer armen Familie geboren wurde"

Gegenstück zu Geum Soo Jeo 금수저. Zusammengesetztes Wort aus "Heuk 흙 Erde" und "Soo Jeo 수저 gedeckt" Bezeichnet eine Person, die in eine arme Familie hineingeboren wurde und keine Vorzugsbehandlung genießt, die der untersten sozialen Schicht angehört.

Beispiel:
Dennis: Was machst du am Freitag?
Vince: Arbeit, Arbeit, Arbeit!
Dennis: Eh, warum arbeitest du immer nur so?
Vince: Ein armer *Heuk Soo Jeo* wie ich, ich kann nur leben, wenn ich hart arbeite.

혼밥 / 혼술 Hon Bap / Hon Sool

"Selbstständig essen/trinken" [hon-bap / hon-sul]

Zusammengesetztes Wort aus **"Hon Ja 혼자 allein"** und **"Bap 밥** Mahlzeit /
"Sool 술 Alkohol" Es gibt jetzt mehr Leute, die wegen Covid-19 lieber allein
zu Hause bestellen und essen und dabei YouTube oder Netflix schauen.

Beispiel:
Ah, der Covid-19 breitet sich wieder aus! Ich muss
wieder *Hon Bap* machen.

후배 Hoo Bae [hu-bae]

"Person, die sich erst spät einer Domäne angeschlossen hat"

Entscheidet sich nach der Schulklasse in der Schule und nach
dem Datum des Eintritts in ein Unternehmen in der Arbeitswelt
(unabhängig vom Alter). Das Gegenteil von Seon Bae.

Beispiel:
Minki ist drei Jahre älter als ich, aber da er zwei Jahre später
in das Team kam, ist er mein *Hoo Bae.*

Hook Song

"Lied mit hohem Suchtfaktor"

Aus dem Englischen **"Hook"** für Haken, bezeichnet ein Lied, das wie
ein Haken hängen bleibt und uns mit einem sich wiederholenden Text
und einer eingängigen Melodie süchtig macht.

Beispiel:
Wow! Die Melodie geht mir wirklich nicht mehr aus dem
Kopf, das ist ein echter *Hook Song.*

훈남/훈녀 Hoon Nam/ Hoon Nyeo

[hun-nam/hun-nyŏ]

"Ein attraktiver/verführerischer Mann/eine attraktive/verführerische Frau"

Zusammenzug aus "**Hoon** Hoon 훈훈 warmherzig" und "**Nam** Ja 남자 Mann / **Yeo** Ja 여자 Frau" Bezeichnet einen Mann/eine Frau, der/die nicht außergewöhnlich schön ist, aber überdurchschnittlich gut aussieht und überdurchschnittlich charmant ist. (Anmerkung: Für die kontrahierte Form von yeo-ja 여자 schreibt man Nyeo 녀. Folglich schreibt man **Hoon Nyeo** richtig und nicht Hoon Yeo).

Beispiel:
Der Mann, der die Sachen der Oma dort drüben getragen hat, sieht auch noch gut aus, er ist ein echter *Hoon Nam*, oder?

헐 Hul [hŏl]

"Ausdruck der Überraschung/des Verblüfftseins", "verflixt"

Wort, das herauskommt, wenn einem die Worte fehlen, weil man überrascht ist oder sich verwirrt fühlt.

Beispiel:
Hul... Ich habe das Flugzeug verpasst....

Hunting

"Verführen"

Ausdruck für "Männer/Frauen wie Beute jagen" Bezeichnet das Beschaffen einer Telefonnummer für ein Date.

Beispiel:
Ich werde heute in einen Club gehen und *Hunting* machen!

현질 Hyeon Jil [hyŏn-jil]

"Items aus einem Spiel mit Bargeld kaufen"

Wort, das sich aus **"Hyeon** Geum 현금 Bargeld" und dem Suffix **"Jil 질** durchgeführte Aktion" zusammensetzt. Bezeichnet den Barkauf von Gegenständen oder Paketen, um in Onlinespielen im Level aufzusteigen.

Beispiel:
Oyu: Schau mal! Mein Charakter hat den besten Angriff und die beste Verteidigung!
Byeon: Hul, wie kommt das? Du hast doch erst gestern angefangen!
Oyu: Ich habe ein bisschen *Hyeon Jil* gemacht!

현웃 Hyeon Woot [hyŏn-ut]

"In echt lachen"

Zusammengesetztes Wort aus "**Hyeon** Shil 현실 Realität" und "**Woo** Seum 웃음 Lachen" Bezieht sich auf das Ausbrechen in echtes Gelächter, nicht nur auf LOL online in einer Unterhaltung. (Anmerkung: Wird nach den koreanischen Ausspracheregeln Hyeon Woot geschrieben und nicht Hyeon Woo).

Beispiel:
Daeho: lol Mina hat während ihrer Präsentation gerülpst! Ah die Schande!
Max: LOL! Ich explodiere vor *Hyeon Woot!*

형 Hyung [hyŏng]

"Ein Mann, der älter ist als man selbst"

Bezeichnung, die ein jüngerer Mann verwendet, um einen anderen Mann anzurufen, der älter ist als er selbst. Kann anstelle eines Vornamens verwendet werden. Kann auch für einen Mann verwendet werden, den man nicht kennt, aber Vorsicht, es kann unhöflich sein, wenn man ihn nicht vorher um Erlaubnis fragt.

Beispiel:
Tony, das ist mein Kumpel Mark. Er ist zwei Jahre älter als du, nenne ihn *Hyung.*

형님 Hyung Nim   [hyŏng-nim]

"Höflichkeitsform von Hyung"

In Korea wird das Suffix **Nim** 님 nach einer Anrede als Höflichkeitszeichen verwendet (z. B.: Idol → Idol Nim), so kann man es hinzufügen, wenn man einer Person, die man Hyung nennt, eine Form von Respekt erweisen möchte. Es ist auch ein Begriff, der von der koreanischen Mafia für ihren Boss verwendet wird.

Beispiel:
Insoo: *Hyung!* Kann ich den PC benutzen?
Inho: Wenn du mich *Hyung Nim* nennst.

Hyung Whore

"Ein Kind, das nur mit Hyungs spielen mag"

Zusammengesetztes Wort aus "**Hyung**" und dem englischen "whore", was "Prostituierte" bedeutet. Ausdruck, der von englischsprachigen K-Pop-Fans geprägt wurde. Es handelt sich nicht um Homosexualität, bezeichnet einfach einen Mann, der gerne Zeit mit Hyungs verbringt. Meistens zeigen die Maknaes der Gruppen diese Tendenz. Ausdruck, der mit Bromance in Verbindung steht. Wird ohne die Absicht der Beleidigung verwendet.

Beispiel:
Yuno verbringt seine Zeit nur mit Hyungs. Aber er ist nicht schwul. Er muss einfach ein *Hyung Whore* sein.

이불킥 I Bool (Kick)   [i-bul-kik]

"Sich ärgern"

Zusammengesetztes Wort aus "**I Bool** 이불 Deckung" und dem englischen "**Kick** " Bedeutet "aus Scham auf die Bettdecke treten", wenn man sich kurz vor dem Schlafengehen mit geschlossenen Augen an eine peinliche Sache erinnert.

Beispiel:
Weißt du noch, wie ich mich im Unterricht übergeben habe? Selbst jetzt noch, wenn ich daran denke ich *I Bool Kick!*

이열치열 I Yeol Chi Yeol   [i-yŏl-chi-yŏl]

"Im Sommer, wenn es sehr heiß und schwül ist, ein belebendes Gericht essen"

Wort aus einer traditionellen chinesischen Maxime, die besagt, dass man "Feuer mit Feuer bekämpfen" soll. Bezeichnet in Korea das Essen sehr nahrhafter und heißer Gerichte wie Samgyetang 삼계탕 (ein ganzes Huhn, das mit Ginseng, Jujube, Ingwer, Knoblauch und anderen Zutaten geschmort wird) im Hochsommer, wenn es heiß und schwül ist.

Beispiel:
Nana: Dieser Samgyetang ist superheiß!
Wongyo: Es ist zu Tode heiß, warum essen wir nicht ein Eis?
Nana: Aber nein, mein Junge, das ist das, was man *I Yeol Chi* Yeol nennt. Das muss man essen, um die Hitze zu bekämpfen.

Idol

"Ein junger K-Pop-Künstler"

Im Gegensatz zur lexikalischen Bedeutung, die eine Person bezeichnet, die man anbetet (ein Idol), bezeichnet Idol einen jungen K-Pop-Künstler. Diese Künstler geben ihr Debüt nach einem Lernprozess in verschiedenen Bereichen über einen längeren Zeitraum. Sie präsentieren ihre Talente in Musik, Schauspiel, Tanz, aber auch in Fernsehsendungen. Sie üben ihre Tätigkeit als Solokünstler oder in Gruppen aus.

Beispiel:
Tim: Felix, ist er ein *Idol* oder nicht?
Max: Ach nein, überhaupt nicht. Er ist schon 40 Jahre alt und kann nicht singen.

Idolization

"Dramatische körperliche Veränderung (in einem positiven Sinne)"

Bezeichnet die dramatische körperliche Veränderung bis hin zu einem "Idol"-Niveau durch eine Diät oder einen neuen Haarschnitt oder auch eine Schönheitsoperation.

Beispiel:
Nachdem sie erfolgreich 25 kg abgenommen hatte, stieg sie von A Jum Ma zu Ul Zzang und Mom Zzang auf. Eine Diät ist die beste Methode zur *Idolization*.

익게 Ik Ge [ik-ge]

"Anonymes Forum"

Zusammenzug aus "**Ik** Myeong **익명** anonym" und "**Ge** Si Pan **게시판** Forum" Bezeichnet Orte, an denen man anonym Beiträge auf Websites oder in Online-Clubs schreiben kann. Diese anonymen Foren sollten aufrichtige Diskussionen fördern, sind aber manchmal auch die Orte, an denen Fan Wars beginnen.

Beispiel:
Markus hat einen geheimen Beitrag über *Ik Ge* online gestellt und ihn aus Gewohnheit am Ende unterschrieben, wodurch alles aufgedeckt wurde.

일진 Il Jin [il-jin]

"Abschaum", "schlechter Schüler"

Bezeichnet schlechte Schüler, "Abschaum" (in der Mittelschule/im Gymnasium). Sie verursachen Probleme wie Belästigung anderer Schüler, Gewalt, Diebstahl usw. Einige Idols wurden als ehemalige **Il Jins** entlarvt und mussten sich nur mit Mühe damit auseinandersetzen.

Beispiel:
Alle waren überrascht, als sie erfuhren, dass Wendy, die als Symbol für Reinheit gilt, eine *Il Jin* war.

인강 In Gang [in-gang]

"Online-Kurs"

Zusammenzug aus "**Internet**" und "**Gang** Eui **강의** Kurs", bezeichnet das Lernen mit Online-Kursvideos, ohne in die Schule oder zum Privatunterricht zu gehen.

Beispiel:
Da ich zurzeit keine Zeit habe, in die Schule zu gehen, lerne ich mit *In Gangs*.

인지도 In Ji Do [in-ji-do]
"Bekanntheitsgrad"

Ein Instrument, mit dem gemessen wird, wie bekannt ein Produkt oder eine Marke in der Öffentlichkeit ist. Bezeichnet in der Welt des K-Pop die Popularität eines Idols. Eine der einfachsten Methoden ist es, ihn in eine U-Bahn steigen zu lassen und zu testen, wie viele Menschen ihn erkennen.

Beispiel:
Hello Minnie wollte ihr *In Ji Do* überprüfen und stieg in eine U-Bahn, aber niemand erkannte sie.

인사 In Sa [in-sa]
"Grüße überbringen"

Bezeichnet Begrüßungen wie "Hallo", wenn man sich sieht oder verabschiedet, aber auch das "Zeigen von Respekt" wie z. B. ein Geschenk für eine Person, der man seine Dankbarkeit zeigen möchte, oder das häufige Kontaktieren und Erkundigen nach dem Befinden von Menschen etc.

Beispiel:
Die Mutter: Heute ist Nationalfeiertag, hast du deinem Schwiegervater *In Sa* gemacht?
Sohn: Ja, ich habe *In Sa* gemacht, indem ich ihm "Guten Tag" gesagt habe.
Die Mutter: Das nicht, du musst ihm *In Sa* machen.
Der Sohn: Ah, ich muss ihm Taschengeld geben!

인기 In Ki / In Gi [in-gi]
"Die Zuneigung, die vom Publikum kommt"

Man kann den **In Ki** eines Idols mit der Häufigkeit seiner Auftritte im Fernsehen, Radio, der Größe seines Fanclubs usw. abschätzen.

Beispiel:
Wie schafft es Jinpyo, so viele Freunde zu haben? Was ist sein Geheimnis für sein *In Ki?*

인기가요 In Ki Ga Yo [in-gi-ga-yo]

"Koreanische populäre Musiksendung", "Musikprogramm von SBS"

Sonntägliches Musikprogramm des SBS, das aus Live-Konzerten der beliebtesten Sänger besteht.

Beispiel:
Hey! Schalte SBS ein, es läuft *In Ki Ga Yo*!

입덕 Ip Duk [ip-dŏk]

"Der Moment, in dem man in den Bann eines Idols gerät"

Zusammenziehung von "**Ip** 입 入", was "eintreten" bedeutet, und "**Duk** Hoo 덕후", was "ein Fanatiker" bedeutet. Bezeichnet jenen entscheidenden Moment, in dem man dem Charme eines Idols verfällt und zum Fan wird.

Beispiel:
Ich habe *Ip Duk*, als Jenny im Musikvideo sexy tanzte.

자삭 Ja Sak [ja-sak]

"Freiwillige Unterdrückung"

Zusammenzug aus "**Ja** Jin 자진 freiwillig, aus eigenem Antrieb" und "**Sak** Je 삭제 Unterdrückung" Bezeichnet die Tatsache, dass man einen Beitrag, den man veröffentlicht hat, selbst löscht. Generell sind die Fälle: entweder ein negatives Feedback von einem anderen Nutzer; oder der Inhalt erscheint letztlich unangemessen.

Beispiel:
Ikhyeon: Oh! Es gibt viele Kommentare zu meinem Foto.
Rory: Was sagen die Leute dazu?
Ikhyeon: Sie sagen von *Ja Sak...*

재방송 Jae Bang Song [jae-bang-song]

"Wiederholung"

Wort, das sich aus dem chinesischen Schriftzeichen
"**Jae 재 再**" für "wieder" und "**Bang Song 방송** Sendung"
zusammensetzt. Die goldene Gelegenheit für einen Zuschauer,
der den Guten Bang Song verpasst hat, ihn noch einmal zu
sehen. Allerdings muss er in der Zwischenzeit Augen und
Ohren schließen, um Spoiler zu vermeiden.

Beispiel:
Minho: Tor!!!!!!!!! Ein Tor für Korea!!!!
Dongyul: Oh, sei still, das ist ein *Jae Bang Song*. Dann haben wir das Spiel verloren.

잼 Jaem [jaem]

"Spaß"

Von "Jae Mi 재미 Spaß" kontrahierter Ausdruck, der von
Kindern zum Scherzen verwendet wird. Dieser Ausdruck
kann auch verwendet werden, um zu sagen: "No **Jaem** 노잼
nicht lustig" und "Haek **Jaem** 핵잼 sehr lustig"

Beispiel:
Da ich keinen Sinn für Humor habe, werde ich oft als *No Jaem* bezeichnet.

자기야 Ja Gi Ya [ja-gi-ya]

"Liebling/mein Herz"

Ausdruck, der sich aus **"Ja Gi 자기"** für einen
Freund/eine Freundin und der Postposition "**Ya 야**"
zusammensetzt, um jemanden auf vertraute Weise
anzurufen. Unter K-Pop-Fans im Ausland wird die
koreanische Anfangsform akzeptiert und verwendet, wie
z. B. "My Korean **Jagiya**"

Beispiel:
Die Frau: *Ja Gi Ya*, heute ist unser erster Jahrestag! Vergiss ihn nicht!
Der Ehemann: Welcher Geburtstag?
Die Frau: ...

Jailbait

"Minderjähriger Idol, der unter 18 Jahre alt ist"

Bedeutet "eine Falle für das Gefängnis", bezeichnet minderjährige Idols unter 18 Jahren, vor denen sich die Noo Na Fans in Acht nehmen müssen. Ein Hauptbeispiel ist Tae Min von SHINee, der bei ihrem Debüt 16 Jahre alt war.

Beispiel:
Da das Durchschnittsalter der Miracle Kids 13 Jahre beträgt, wird die Gruppe als "*Jailbait* band" bezeichnet.

작업 Jak Eop   [jak-ŏp]

"Anbaggern"

Die lexikalische Bedeutung ist "Arbeit", aber im umgangssprachlichen Register bezeichnet es das Verhalten, das man an den Tag legt, um jemanden aufzureißen oder zu verführen.

Beispiel:
Es ist üblich, dass man eine Frau, die einen Freund hat, nicht *Jak Eop.*

잘자 Jal Ja   [jal-ja]

"Schlaf gut", "gute Nacht"

Begrüßung, die man vor dem Schlafengehen macht. Wird oft verwendet, um ein Telefongespräch mit der Person, die man liebt, zu beenden.

Beispiel:
Ehemann: Ah, ich falle aus dem Schlaf. Schatz, ich gehe zuerst ins Bett. *Jal Ja!*
Die Frau: *Jal Ja!*

제발 Je Bal [je-bal]

"Ausdruck der Bereitschaft" / "Mitleid"

Ausdruck, der verwendet wird, wenn man sich etwas sehnlichst wünscht.

Beispiel:
Herr, *Je Bal* lass unsere Oppas den ersten Preis gewinnen!

제주도 Jejudo / Jeu Island [je-ju-do]

"Die wichtigste Erholungsinsel Koreas"

Wunderschöne Insel im äußersten Süden Koreas, die durch den Berg
Hallasan, Clementinen und Austern repräsentiert wird. Erscheint oft
in Dramen als romantischer Ort, an dem Paare ausgehen.

Beispiel:
Ich mache meiner Freundin in *Jejudo* einen Heiratsantrag.

즐 Jeul [jŭl]

"Egal", "ob er es macht oder nicht"

Kommt von Online-Spielen, bei denen man "**Jeul** Geo Un Game!" sagt. 즐거운 게임!
Good Game!" zum Abschied, ein Ausdruck, der in letzter Zeit verwendet wird, um den
Gesprächspartner zu ignorieren und ihm das Wort abzuschneiden.

Beispiel:
Hugo: Mimi! Du siehst eigentlich ein bisschen wie ein Affe aus!
Mimi: *Jeul!*

지못미 Ji Mot Mi [ji-mot-mi]

"Sehr bedauerliche Situation"

Zusammenzug von "**Ji** Kyeo Ju Ji **지켜 주지 Mot** Hae **못해 Mi** An Hae **미안해** (Es tut mir leid, dass ich dich nicht beschützen konnte)" Ausdruck, der verwendet wird, um eine Person zu trösten, die eine peinliche und beschämende Situation erlebt hat.

Beispiel:
Hailey: Lacht, du bist wirklich schrecklich dieses Bild, *Ji Mot Mi!*

지름신 Ji Reum Shin [ji-rŭm-shin]

"Ausrede für einen Kaufzwang"

Zusammenziehung von "**Ji Reum 지름** Kaufsucht "und "**Shin 신** Gott" Eine Art Entschuldigung dafür, dass der Kaufzwang durch göttliche Offenbarung und nicht durch seinen Willen zustande kam. Man kommt erst im nächsten Monat wieder zur Besinnung, wenn man die Kreditkartenrechnung erhalten hat.

Beispiel:
Sarah: Ben! Hast du mit meiner Karte einen PC für 3.000.000 Won gekauft?
Ben: Nein, das ist *Ji Reum Shin.*

직찍 Jik Jjik [jik-jjik]

"Fotos persönlich machen"

Zusammenzug aus "**Jik** Jeop **직접** in persona" und "**Jjik** Da **찍다** Fotos machen" Bezeichnet die Tatsache, dass leidenschaftliche Fans Fotos von ihren Idols selbst persönlich machen.

Beispiel:
Keira: Hey, schaut mal, Leute!
Judy: Hul! Dae Bak! Ist das *Jij Jjik?*
Keira: Ja! Ich habe sie selbst letztes Jahr beim Konzert aufgenommen.

진상 Jin Sang [jin-sang]

"Person, die sich ohne Manieren verhält"

Person, die keine Manieren hat, sich über jede Kleinigkeit
aufregt und bei allem stur bleibt.

Beispiel:
Joohee ist ein reiner *Jin Sang*. Er schlägt dem Kellner auf den
Kopf, weil er das Essen scharf fand.

짜가 Jja Ga [jja-ga]

"Fälschung"

Bedeutet "Fälschung" Verlan von "Ga Jja 가짜 faux", was das
korrekte Wort ist.

Beispiel:
Hey, ich dachte, es wäre Adidas, aber in Wirklichkeit ist es
Abibas! Das ist ein *Jja Ga!*

짱 Jjang (Zzang) [jjang]

"Der Beste"

Seit den 1990er Jahren unter Jugendlichen beliebtes Wort. Wird
vor einem Namen verwendet und bedeutet "der Beste in einem
Bereich" Wort, das nicht in Fernsehnachrichten oder formellen
Sendungen verwendet wird.

Beispiel:
Wow! Mein Sohn ist Erster im Spielturnier! Game *Jjang!*

찌질이 Jji Jil I [jji-jil-i]
"Ein unbeliebtes Kind"

Bezeichnet eine Person, die aufgrund ihres unattraktiven Aussehens oder ihres Charakters nicht viele Freunde hat. In Dramen erwacht der Held "Jji Jil I" bei einer Gelegenheit (z. B. wenn er von seiner Freundin verlassen wird) und rächt sich, indem er zu "King Ka" wird.

Beispiel:
Teddy: Magst du Spiderman?
Kim: Nein, wenn er kein Elastan trägt, ist er ein echter *Jji Jil I*.

짜장면 Jja Jang Myeon [jja-jang-myŏn]
"Chinesisches Nudelgericht auf koreanische Art"

Chinesisches Nudelgericht nach koreanischer Art mit einer fermentierten dunklen Soße aus einer Mischung aus Sojabohnen, Weizen und Salz, bedeckt mit gehacktem Schweinefleisch (oder Meeresfrüchten) und Gemüse. Es soll aus einem Restaurant stammen, das 1905 von chinesischstämmigen Einwanderern im chinesischen Viertel von Incheon in Korea betrieben wurde. In China gibt es ein Gericht mit demselben Namen, das sich jedoch in verschiedener Hinsicht unterscheidet. Da es ein billiges und leicht zu essendes Gericht ist, ist es zusammen mit So Ju ein verbreitetes Gericht unter den einfachen Leuten.

Beispiel:
Man kann die koreanische Kultur nicht erklären, indem man *Jja Jang Myeon* ausklammert.

찌라시 Jji Ra Shi [jji-ra-shi]
"Eine Sammlung von Klatsch und Tratsch"

Eine Art Klatschpresse, die über Sensationsthemen berichtet (Korruption von Politikern, Klatsch und Gerüchte über Prominente usw.). Diese Nachrichten verbreiten sich in letzter Zeit noch schneller über Messenger-Apps wie Kakao Talk.

Beispiel:
Laut *Jji Ra Shi* trägt das neue Mitglied von VODKA nichts, wenn er schläft.

좋아요 Jo A Yo [jo-a-yo]

"Gefällt mir"

Schaltfläche, die gedrückt wird, wenn man ausdrücken
möchte, dass man einem Beitrag auf Facebook oder
Instagram zustimmt oder ihn gut findet.

Beispiel:
Ich habe ein Foto auf Facebook hochgeladen, aber ich habe kein *Jo A Yo.*
Ich werde mein Konto löschen.

조공 Jo Gong [jo-gong]

"Den Idolen Geschenke machen"

Die lexikalische Bedeutung ist "Tribut", bezieht sich aber
darauf, dass Fans ihren Idols Geschenke machen und dabei
ihr Herzblut einbringen.

Beispiel:
Wow ... Was ich *Jo Gong* an die Oppas habe, steigt auf
über 1.000.000 Won! Aber ich liebe sie immer noch!

조낸 Jo Naen [jo-naen]

"Vollständig"

Kommt von einem Orthografiefehler des Wortes "Jon Nae 존내 Kuss"
aus dem umgangssprachlichen Register, das von Kindern viel verwendet
wird.

Beispiel:
Wow! Das ist *Jo Naen* bon!

존대말 Jon Daet Mal [jon-daet-mal]
"Höfliche Art zu sprechen", "Voyerismus"

Bezeichnet die höfliche Art, bei offiziellen Anlässen oder mit älteren Personen zu sprechen. In der Regel wird "-yo -요" oder "-ni da -니다 / -seup ni da -습니다" am Ende eines Satzes angehängt.

Beispiel:
Byeongjin: Hey, danke, Kumpel!
Ronald: Ich bin Hyung, du musst mir *Jon Daet Mal* machen!
Beyongjin: Oh, ich danke Ihnen sehr, Sir!

존예/존잘 Jon Ye/Jon Jal [jon-ye/jon-jal]
"Superschön/schön"

Zusammenziehung von "**Jon** Na 존나 Kuss" und "**Ye** Ppeu Da 예쁘다 hübsch sein / **Jal** Saeng Gyeot Da 잘생겼다 schön sein" (auf Deutsch "verdammt noch mal zu schön/schön"). Bezeichnet eine Person, deren Schönheit unübertroffen ist.

Beispiel:
Der Freund: Schatz, von jetzt an nenne ich dich *Jon Ye*, du nennst mich *Jon Jal?*
Die Freundin: Wenn du mich bezahlst!

집 Jib [jip]
"Album", "Haus"

Wort mit der Bedeutung "Sammlung" Bezeichnet das Album eines Sängers (das mehrere Lieder enthält). Hat als Homonym das Wort "Haus"

Beispiel:
Das achte *Jib* von Herrn A ist toll. Außerdem enthält es nicht weniger als 20 Lieder!
Ich habe dieses Album in meinem *Jib*.

주장미 Joo Jang Mi [ju-jang-mi]

"Die Vorschau einer Episode ansehen"

Eine Zusammenziehung von "**Joo** Yo 주요 principal",
"**Jang** Myeon 장면 scenes" und "**Mi** RI Bo Gi 미리보기
preview" Hierbei handelt es sich um die wesentliche
Handlung eines komprimierten Dramas. Nützlicher
Service für Personen, die nicht genug Zeit haben, um sich
das ganze Drama anzusehen.

Beispiel:
Ich war zu neugierig auf das Ende des Dramas, also habe ich mir *Joo Jang Mi* für die letzte
Episode angesehen.

JYP

"Jin Young Park"

Die Initialen von **Park Jin Young** 박진영, einem koreanischen
Sänger und Songwriter und dem Leiter des Plattenlabels JYP
Entertainement. Sie werden häufig als sein Spitzname verwendet.

Beispiel:
Ich bewundere eher den Geschäftsmann *JYP* als den Sänger *JYP*.

JYP Entertainment

"Eines der drei größten Showbusiness-Unternehmen in Korea"

Plattenfirma, zu der Got 7, Wonder Girls, Miss A, 2AM, 2PM usw. gehören.

Beispiel:
JYP Entertainment hat 24 Stunden, weil 2AM und
2PM Teil von *JYP Entertainment* sind.

KCON
Messe für K-Pop.

Messe für K-Pop/koreanische Kultur. Wird jedes Jahr hauptsächlich von Mnet Media, CJ E&M, Powerhouse Live und Koreaboo organisiert. Findet an verschiedenen Orten auf der ganzen Welt statt. Besteht aus einem Empfang, K-Pop-Konzerten, Podiumsdiskussionen usw. Die Veranstaltung in Los Angeles, USA, fand im Staples Center statt und hatte über 85.000 Zuschauer.

Beispiel:
Welche Bands werden an der *KCON* teilnehmen?

카톡 Ka Tok [ka-tok]
"Die von den Koreanern am häufigsten genutzte Nachrichten-App"

Kontraktion von **Ka**kao **Talk**, das die von jedem koreanischen Smartphone-Nutzer genutzte Nachrichten-App ist. Mit Diensten wie der Verwendung von Emojis, dem Anbieten von Geschenken, dem Eröffnen von Gruppenunterhaltungen usw. ist sie zum Synonym für eine Messaging-App geworden.

Beispiel:
Jim: Ruf mich an, wenn du nach Hause kommst!
Tony: Ah die Faulheit, ich mache dir später *Ka Tok!*

칼퇴 Kal Toe [kal-toe]
"Pünktlich von der Arbeit gehen"

Zusammenziehung von "**Kal** 칼 Messer" und "**Toe** Geun 퇴근 von der Arbeit gehen" Bezeichnet das pünktliche Verlassen der Arbeit wie ein scharfes und präzises Messer. Der Traum aller Arbeitnehmer in Korea, in Wirklichkeit aber eher nächtliche Überstunden.

Beispiel:
Heute ist Freitag. Nicht einmal *Kal Toe*, ich mache Überstunden. Ah die Traurigkeit :'(

케바케 Ke Ba Ke　[ke-ba-ke]

"Je nach Situation unterschiedlich"

Kommt aus dem Englischen "**Case By Case** 케이스 바이 케이스
Fall für Fall" Bedeutet "je nach Situation unterschiedlich"

Beispiel:
Ich war beim letzten Mal angenommen worden, aber
diesmal nicht. Das muss am *Ke Ba Ke* liegen.

Keyboard Warrior

"Person, die über das Internet ihren Ärger/Hass ausdrückt"

Person, die ihre Wut/ihren Hass zum Ausdruck bringt,
indem sie im Netz Beiträge veröffentlicht, die böswillig
gegen eine bestimmte Person gerichtet sind. Hat das Ziel,
seinen Stress im wirklichen Leben abzubauen.

Beispiel:
Woohyo, der von seiner Freundin verlassen wurde, wurde zum
Keyboard Warrior und begann, sexistische Posts zu schreiben.

김떡순 Kim Tteok Soon　[kim-ttŏk-sun]

"Die drei Könige des Streetfoods in Korea"

Für einen Koreaner klingt die Aussprache wie der
Name/Vorname einer Frau, aber es handelt sich um die
Anfangsbuchstaben der 3 beliebtesten Street Foods in Korea:
"**Kim** Bap 김밥", "**Tteok** Bo Kki 떡볶이" und "**Soon** Dae 순대"

Beispiel:
Jenny hat keinen Freund, aber sie fühlt sich nicht
einsam: Sie hat den *Kim Tteok Soon.*

김치 Kim Chi   [kim-chi]

"Traditionelles koreanisches Gericht aus gewürztem und fermentiertem Gemüse"

Gericht, das in der koreanischen Küche nicht wegzudenken ist. Es gibt verschiedene Arten, aber Kim Chi mit Kohl ist die wichtigste Form. Es zeichnet sich durch einen scharfen Geschmack aus und ist gesund, da es fermentiert ist und daher viele Milchsäurebakterien enthält. Ein wesentliches Element, das nie ausgeschlossen wird, wenn es um die Identität eines Koreaners geht. (Es gibt sogar den Laut "Kim" in dem Wort wie der häufigste Familienname in Korea!) Wort, das man auch beim Fotografieren sagt, um ein natürliches Lächeln hervorzubringen.

Beispiel:
Kein koreanisches Essen ohne *Kim Chi!*

Killing Part

"Beeindruckendster Teil"

Bezeichnet im Allgemeinen den Höhepunkt oder den Höhepunkt eines Liedes oder einer Choreografie.

Beispiel:
Der *Killing Part* von Gangnam Style ist "Oppa Gangnam Style!"

킹왕짱 King Wang Jjang   [king-wang-jjang]

"Der Beste unter den Besten"

Die drei Wörter bedeuten das Gleiche: "der Beste" Ihre Kombination drückt daher aus, dass es nichts Besseres gibt. Neologismus, der von Kindern verwendet wird.

Beispiel:
Die Freundin: Wie sehr liebst du mich?
Die Freundin: Wie viel!
Die Freundin: Ist das alles?
Der Freund: Nein, *King Wang Jjang!*

킹카/퀸카 King Ka / Queen Ka

"Ein Mann/eine Frau, der/die schön/schön und charmant/schön ist"

Neologismus aus den Kartenspielen "**King Ca**rd 킹 카드 roi" und "**Queen Ca**rd 퀸 카드 dame", bezeichnet einen Mann/eine Frau von außergewöhnlicher Schönheit, wohlhabend/gesättigt, mit hohem Bildungsniveau.

Beispiel:
In der Gruppe QTQT ist die *Queen Ka* Myo. Sie ist eine brillante Studentin und ich habe gehört, dass ihre Eltern superreich sind.

깝 Kkab [kkap]

"Zustand des verrückten Energieüberschusses"

Wort, das von Jo Kwon aus 2AM dank seines frivolen Tanzes verbreitet wurde. Er erhielt dadurch den Spitznamen "**Kkap** Kwon"

Beispiel:
Ich habe gestern in einem Club gesehen, wie die Leute *Kkap* Dance getanzt haben. Das war Unsinn.

깜놀 Kkam Nol [kkam-nol]

"Sehr überrascht sein"

Zusammenziehung von "*Kkam* Jjak 깜짝 (Onomatopöie des Klangs eines Blinzelns vor Überraschung)" und "**Nol** La Da 놀라다 überrascht sein" Neologismus, der von Jugendlichen verwendet wird.

Beispiel:
Ah Ich bin fast von einem Auto überfahren worden. Ich habe *Kkam Nol.*

꽐라 Kkwal La [kkwal-la]

"Zustand der völligen Trunkenheit"

Der Ursprung dieses Ausdrucks ist unklar, aber die amüsanteste Theorie ist folgende: Ein Koala schläft sehr viel, was auf einen alkoholähnlichen Bestandteil in ihrer Nahrung, den Eukalyptusblättern, zurückzuführen sein soll (eine weit verbreitete Annahme, die sich als falsch erwiesen hat). Daraus entstand das Wort "**Kkwal La**", das ähnlich wie "Koala" ausgesprochen wird.

Beispiel:
Sam: Die Leute sagen mir, dass ich wie ein Koala aussehe! Bin ich so süß?
Tony: Lol, haben sie nicht eher ***Kkwal La*** gesagt, weil du zu viel trinkst?

Koreaboo

"Ein großer Fan der koreanischen Kultur"

Ein im Westen verwendetes Wort, das eine Person bezeichnet, die keine Koreanerin ist, die koreanische Kultur übermäßig vergöttert und sich auf ungeschickte Weise wie eine Koreanerin verhält und spricht. Es wurde hauptsächlich in einer abwertenden Bedeutung verwendet, aber jetzt wird es verwendet, um "ein großer Fan der koreanischen Kultur" zu sagen. Personen, die ein aufrichtiges Interesse an der koreanischen Kultur haben, werden manchmal für **Koreaboo** gehalten.

Beispiel:
Da Sophie nur K-Pop hört und nur koreanische Kosmetika verwendet, dachte ich, sie sei eine ***Koreaboo***, aber in Wirklichkeit war sie Studentin der koreanischen Geschichte und ist jemand, der ein tiefes Wissen über Korea hat.

꼰대 Kkon Dae [kkon-dae]

"Person mit einer autoritären Mentalität"

Ausdruck für die Kritik an Personen, die behaupten, dass man unbedingt befolgen muss, was sie sagen, weil sie älter sind. Dies sind Personen, die man oft in der koreanischen Gesellschaft sieht, in der das Alter natürlich die Hierarchie bestimmt. Aber nur weil man alt ist, heißt das nicht, dass man wie die Eltern oder Großeltern zu **Kkon Dae** wird. Auch jüngere Menschen wie Schüler und Studenten können **Kkon Dae** werden, wenn sie darauf beharren, dass sie gegenüber jüngeren Schülern Recht haben.

Beispiel:
Die 15-jährige K-Pop-Fan: Ich bevorzuge Butter zwischen den BTS-Songs.
14-jährige K-Pop-Fan: Ich bin Dynamite!
15-jährige K-Pop-Fan: Was weißt du schon, Kleine? Ich bin älter, also habe ich Recht. Butter ist die Beste.
14-jährige K-Pop-Fan: Was für eine ***Kkon Dae!***

콩다방 Kong Da Bang [kong-da-bang]

"Coffee Bean" (Kaffeebohne)

Zusammengesetztes Wort aus "**Kong 콩**" für "Bohnen" und
"**Da Bang 다방**" für "Kaffeehaus, Teestube", bezeichnet die in
Korea beliebte Kaffeehauskette "Coffee Bean"

Beispiel:
Wir treffen uns im *"Kong Da Bang"*, schließlich im "Coffee Bean"

콩가루 Kong Ga Ru [kong-ga-ru]
"Familie im Chaos"

Zusammengesetztes Wort aus "**Kong 콩**", was "Körner"
bedeutet, und "**Ga Ru 가루**", was "Pulver" bedeutet.
Metapher für eine Familie in Unordnung, ohne
Disziplin, in Gefahr, die wegfliegen würde, wenn man
sie wie sehr flüchtiges Körnerpulver anpustet. Familie,
die häufig in Mak Jang Dramas vorkommt.

Beispiel:
Judys Familie ist wirklich *Kong Ga Ru*: Ihre Mutter hat einen
heimlichen Liebhaber und ihr Vater wird wegen Prostitution von
Minderjährigen verhaftet.

꿀벅지 Kkul Beok Ji / Honey Thighs
"Vor Gesundheit strahlende Oberschenkel" [kkul-bŏk-ji]

Bezeichnet Oberschenkel, die weder dick noch dünn sind und vor
Gesundheit strahlen. UEE von After School hat den Spitznamen
Kkul Beok Ji, hier bedeutet "**Kkul 꿀**" "Honig", wird aber
verwendet, um "der Beste" zu sagen (denn das Beste auf der Welt
ist wohl der Honig). K-Pop-Fans verwenden die wörtliche
Übersetzung **Honey Thighs.**

Beispiel:
Bekomme ich *Honey Thighs,* wenn ich 200 Squats am Tag mache?

Kyeopta / Kyopta

"Süß"

Alphabetumschrift des koreanischen Wortes "Gwi Yeop Da 귀엽다 mignon", die so verändert wurde, dass ausländische Fans es leichter aussprechen können. Sonderfall einer angepassten Aussprache eines koreanischen Wortes.

Beispiel:
Dieser Welpe ist wirklich *Kyeopta!*

Leader

"Das Mitglied, das für die Gruppe verantwortlich ist und sie anführt"

In der Regel wird diese Rolle dem ältesten Mitglied übertragen, aber nicht immer.

Beispiel:
Awesome Freshmen hat 15 Mitglieder, also ist es schwierig zu wissen, wer der *Leader* ist.

이수만 Lee Soo Man   [i-su-man]

"Gründer/Vorsitzender von SM Entertainment"

Ursprünglicher Sänger und bahnbrechender Gründer der K-Pop- und Idols-Kultur. Ihm gehören SES, HOT, BoA, DBSK, Super Junior, Girls' Generation usw. dank seiner hervorragenden Fähigkeiten als Produzent und Geschäftsmann.

Beispiel:
Lee Soo Man ist eine lebende Legende des K-Pop.

리즈 Leeds [li-jŭ]
"Das goldene Zeitalter"

Bezeichnung aus der Zeit, als Park Ji-Sung und Allen Smith in der gleichen englischen Fußballmannschaft Manchester United spielten. Allen Smith, der zuvor bei Leeds United war, zeigte bei Manchester United keine besonderen Leistungen, seine Fans sagten wehmütig "Wir vermissen die Leeds-Zeit" "**Leeds** Sa Jin 리즈 사진 Leeds photos" bezeichnet also Fotos aus der Zeit, in der man jung und schön ist, "**Leeds** Shi Jeol 리즈 시절 Leeds époque" bezeichnet die Zeit, in der man außergewöhnlich war.

Beispiel:
Ich war in der Schule wirklich hübsch, die Fotos aus dieser Zeit sind meine *Leeds*-Fotos!

레전설 Le Jeon Seol [le-jŏn-sŏl]
"Legendäre Persönlichkeit"

Ausdruck, der sich aus dem englischen "**Lege**nd 레전드" für "Legende" und dem koreanischen "**Jeon Seol** 전설", das ebenfalls "Legende" bedeutet, zusammensetzt. Wörter, die das Gleiche bedeuten, werden lächerlicherweise zweimal wiederholt, und so benutzen Kinder diesen Ausdruck, um etwas zu betonen.

Beispiel:
BTS kann zu *Le Jeon Seol* international werden.

Lip Sync
"Playback machen", "so tun, als ob man singt"

Die Tatsache, dass man nur den Mund wie ein Fisch synchron zu einem vorher aufgenommenen Lied öffnet. Wesentlich für Idols, die sich live unsicher fühlen, oder für Gruppen, die kräftige Choreografien tanzen.

Beispiel:
Ingu wurde ausgeschieden, weil er beim Vorsingen *Lyp Sync* gemacht hatte.

로케 Lo Kae [lo-kae]
"Auf dem Spielfeld filmen"

Ausdruck, der vom englischen "location" für "Ort" abgeleitet ist. Bezeichnet das Filmen vor Ort und nicht in einem aufgebauten Studio. In der koreanischen Unterhaltungsbranche bezeichnet er auch das Filmen im Ausland und nicht in Korea.

Beispiel:
Ein riesiges Musikvideo, das in Moskau in *Lo Kae* gedreht wurde.

롯데월드 Lotte World [lot-de-wol-dŭ]
Der größte Freizeitpark in Korea.

Komplexe Freizeitanlage in Jamsil in Seoul. Wird vom koreanischen Chaebol-Unternehmen Lotte errichtet. Besteht aus dem größten Indoor-Themenpark Koreas, einem Outdoor-Freizeitpark, einer künstlichen Insel, einem Einkaufszentrum, einem Hotel, dem Nationalen Folkloremuseum Koreas, einem Kino usw. Beliebt bei Teenagern als Ort für Paarausflüge.

Beispiel:
Da ich noch nicht 18 bin und nicht in einen Club gehen kann, werde ich nach *Lotte World* gehen!

Love Call
"Ein Angebot"

Akt der Bitte, in einem CF, einer TV-Show, einem Drama usw. aufzutreten.

Beispiel:
Sumis kürzlich erschienener CF ist ein Hit, sie erhält *Love Calls* von überall her.

Love Line

"Liebesbeziehung"

Bezeichnet das Zeigen von Beziehungen zwischen Charakteren, die amouröser Natur sind, in einem Drama. Wenn Soo Mi und Tak beispielsweise beschließen, miteinander auszugehen, stellt dies eine **Love Line** dar. Es können auch kompliziertere **Love Lines** entstehen, weil mehr als zwei Charaktere daran beteiligt sind.

Beispiel:
Die *Love Line* in diesem Drama ist zu kompliziert, also bringe ich alles durcheinander. Alle Charaktere sind untreu!

맹구 Maeng Goo [maeng-gu]

"Idiot"

Ursprünglich eine Figur aus einer erfolgreichen Comedy-Show der 1990er Jahre, die für das Spiel eines Idioten bekannt war. Machte die Geste populär, mit den Händen Kreise zu machen, sie umzudrehen und gegen das Gesicht zu pressen, während man "Batman" schreit. Bezeichnet also eine Person, die Verständnisschwierigkeiten hat und dumme Dinge tut.

Beispiel:
Kim: Ich habe gestern schon wieder meine Brieftasche verloren! Ich bin wirklich *Meng Goo.*

막장 Mak Jang [mak-jang]

"Eine auf den Kopf gestellte Handlung", "Seifenoper"

Bezeichnet eine bis zur Lächerlichkeit unrealistische Geschichte, die in Korea als Drama-Genre kategorisiert wird. Das Genre besteht hauptsächlich aus provokanten Geschichten wie "ein Geburtsgeheimnis", "die Wiederkehr eines toten Charakters", "eine Amnesie" usw., hat aber dank der fesselnden und schnellen Entwicklung und der Wendungen, die jeder Vorhersage widersprechen, viele Fans.

Beispiel:
Angeblich ist Ben mit dieser Unnie ausgegangen, obwohl er mit seiner Freundin zusammen war! Die aber in Wirklichkeit seine Schwester war! Das ist wirklich eine *Mak Jang*-Geschichte!

막내 Mak Nae [mak-nae]

"Der Jüngste/die Jüngste"

___

Das jüngste Mitglied einer Gruppe. Eine schwierige Rolle, da er alle Besorgungen und lästigen Dinge erledigen muss, aber er ist für das Ae Gyo zuständig und erhält Schutz und Zuneigung von den älteren Mitgliedern, ein echter Energiespender für die Gruppe. Zu den verwandten Ausdrücken gehören:

- **Fake Mak Nae**: bezeichnet ein Mitglied, das sich wie der Mak Nae verhält, obwohl es nicht das jüngste Mitglied ist, wie z. B. Jin von BTS ;

- **Evil Mak Nae**: Ein Mak Nae, der nicht die üblichen Eigenschaften eines Mak Nae aufweist. Ein Unruhestifter, der die Hyungs belästigt. Dies ist der Spitzname von Kyuhyun aus Super Junior.

Beispiel:
Jeder kann feststellen, dass Grace voller Energie und Ae Gyo die *Mak Nae* ist. Aber in Wirklichkeit ist sie die Älteste in der Gruppe, sie ist eine *Fake Mak Nae!*

말도안돼 Mal Do An Dwae [mal-do-an-dwae]

"Quatsch"

___

"Unglaublich", "unmöglich" Ausdruck, der verwendet wird, um Ablehnung oder Überraschung auszudrücken.

Beispiel:
Hul! Wie kann es sein, dass Oppa nicht den ersten Preis bekommen hat? *Mal Do An Dwae!*

MAMA

"Mnet Asian Music Awards"

___

Groß angelegte K-Pop-Veranstaltung, die von CJ E&M über ihre Firma Mnet organisiert wird. Auch Berühmtheiten aus China, Hongkong, Japan, Taiwan usw. nehmen daran teil.

Beispiel:
Ich habe gehört, dass die diesjährige *MAMA* in Shanghai stattfinden wird und dass dort viele Prominente anwesend sein werden!

만렙 Man Leb [man-lep]

"Die höchste Stufe"

Wort, das sich aus dem chinesischen Schriftzeichen "**Man 만 滿**" für "voll" und dem englischen "**Lev**el 레벨 niveau" zusammensetzt. Bezeichnet einen Charakter, der in Online-Spielen die höchste Stufe erreicht hat. Kann auch im Alltag verwendet werden, um eine Person zu bezeichnen, die in einem Bereich das höchste Niveau erreicht hat.

Beispiel:
Happy Birthday, Opa! Hier ist *Man Leb!*

Manner Hands

"Darauf achten, dass man den Körper nicht berührt"

Bezeichnet für einen Mann eine rücksichtsvolle Handlung, um unnötigen Körperkontakt mit einer Frau zu vermeiden. Wie z. B. beim Fotografieren nicht die Schulter oder die Taille zu berühren, sondern die Hand in einem gewissen Abstand in der Luft zu lassen.

Beispiel:
Keegan macht immer *Manner Hands,* wenn er Fotos mit seinen weiblichen Fans macht, es sieht aus wie ein Zauberer.

Manner Legs

"Die Taille anpassen"

Bezeichnet eine große stehende Person, die ihre Beine spreizt, um sich der Größe einer kleineren Person anzupassen. Meist bei Paaren, um einen Kuss oder eine Umarmung zu geben.

Beispiel:
Der 2 m große Jiho macht *Manner Legs,* um seine Körpergröße anzupassen, wenn er seiner 1,50 m großen Freundin einen Kuss gibt.

맛있어 Ma Shi Sso   [ma-shi-ssŏ]

"Ein Gericht nach seinem Geschmack finden",
"Geschmack haben/schmackhaft sein"

Natürlicher Ausdruck, der verwendet wird, wenn man ein wirklich gutes
Gericht isst.

Beispiel:
Wow, hast du das gemacht? Das ist wirklich *Ma Shi Sso!*

맞선 Mat Seon   [mat-sŏn]

"Treffen, für das sich die Eltern gegenseitig behindern"

Treffen, bei dem sich die Eltern gegenseitig austauschen, um
einen Ehepartner für ihr Kind zu finden. In K-Dramas eine
Lösung, die von der Mutter des Helden verwendet wird, die
nicht will, dass ihr Sohn die Frau aus einer armen Familie
heiratet, um die beiden zu trennen.

Beispiel:
Ich habe gestern einen *Mat Seon* mit einem Mann gemacht, aber er war überhaupt nicht mein
Stil.

Melo Drama

"Romantisches/sentimentales Drama", das Genre "Drama"

Eine Art Drama (Drama bedeutet "Serie", d. h. ein Werk, das in
mehreren Episoden ausgestrahlt wird) voller verschiedener Gefühle
(ein Melodrama auf Deutsch). Behandelt verschiedene Themen wie
Liebe, Erfolg, Rache, Vergebung usw., aber in Korea verwechselt
auch das romantische Drama oder das sentimentale Drama, das zu
Tränen rührt.

Beispiel:
Juno, der völlig pleite ist, Erfolg hat und die Frau heiratet, die er liebt,
ist typischerweise die Geschichte eines *Melo Drama.*

Melon
"Streaming-Dienst für Musik"

Ein kostenpflichtiger Dienst in Korea, mit dem man online beliebige
Musik hören kann.

Beispiel:
Mina: Wie viel kostet *Melon* heutzutage?
Doohee: Die Frucht oder die Seite?

멘붕 Men Bung [men-bung]
"Zustand starker psychologischer Verwirrung"

Zusammengesetztes Wort aus "**Mental** 멘탈" für "Geist"
auf Englisch und "**Bung** Gwe 붕괴" für "Zusammenbruch"
Von Jugendlichen verwendeter Neologismus.

Beispiel:
Ich war wirklich *Men Bung*, als ich von der Auflösung der Oppas erfuhr.

멘트 Ment [men-tŭ]
"Süße Worte, die zum Flirten gesagt werden"

Wort aus dem Englischen "com**ment**", das "Kommentar"
bedeutet. Bezeichnet im Allgemeinen süße Worte, um jemanden
weich zu klopfen.

Beispiel:
Dohoon: Wow, du siehst wirklich wie ein Engel aus!
Jenny: Mach nicht *Ment!* Was willst du denn?

먹튀 Meok Twi   [mŏk-twi]

"Nach dem Essen weglaufen"

Zusammenziehung von "**Meok** Go 먹고 gegessen haben" und "**Twi** Gi 튀기 abhauen" Bezeichnet in der Sportwelt einen Spieler, der wegen einer Verletzung nicht spielen kann, obwohl er mit einem enormen Gehalt eingestellt wurde; bezeichnet in der Geschäftswelt das Abhauen mit dem Geld, nachdem man einem Vertrag zugestimmt hat.

Beispiel:
Fing: Kannst du mir 50.000 Won leihen? Ich werde es dir mit Zinsen zurückzahlen!
Mei: Wie kann ich dir glauben? Ich bin mir sicher, dass du *Meok Twi* wirst!

미쳤어 Mi Chyeo Sso [mi-chyŏ-ssŏ]

"Den Kopf verlieren", "Wahnsinn!"

Ausruf, um Überraschung, Ärger oder Freude ironisch auszudrücken.

Beispiel:
Hul! Hast du das ganze Soju alleine getrunken? *Mi Chyeo Sso?*
Das ist meine Lieblingshandtasche! Ist das ein Geschenk?
Mi Cheyo Sso! Vielen Dank! Ich liebe dich!

미존 Mi Jon   [mi-jon]

"Bühnendieb"

Zusammenziehung von "**Mi** Chin 미친 verrückt sein" und "**Jon** Jae Gam 존재감 Präsenz" Aufmerksamkeitsstarke Person mit enormem Charisma und Charme.

Beispiel:
Als er auftauchte, starrten ihn alle mit offenem Mund an.
Was für ein *Mi Jon*.

미남/미녀 Mi Nam / Mi Nyeo [mi-nam/mi-nyŏ]

"Ein schöner Mann / eine schöne Frau"

Ein Wort, das aus den chinesischen Schriftzeichen "**Mi 미 美**" für
"Schönheit" und "**Nam 남 男 / Nyeo 녀 女**" für "Mann/Frau"
zusammengesetzt ist. Im Vergleich zu "Jon Jal/Jon Ye" aus dem
umgangssprachlichen Register handelt es sich um einen
formellen Begriff, der in der Öffentlichkeit verwendet werden
kann.

Beispiel:
Wow, deine Mutter ist eine echte *Mi Neyo.* Aber warum bist du...?

미안해 Mi An Hae [mi-an-hae]

"Entschuldigung"

Umgangssprachlicher Ausdruck, um sich zu entschuldigen.
Kann gegenüber Verwandten oder jüngeren Personen
verwendet werden.

Beispiel:
Es tut mir leid, dass ich all deine Kuchen gegessen habe ... *Mi an hae ....*

밀당 Mil Dang [mil-dang]

"Psychologische Kriegsführung"

Zusammenziehung des Ausdrucks "**Mil Go 밀고** pousser **Dang** Gi Gi **당기기** tirer" Eine Art
psychologische Kriegsführung in der Ehe oder in zwischenmenschlichen Beziehungen, um den
oberen Platz zu besetzen, wie ein Tauziehen. Pass auf, dass du es nicht übertreibst, denn es
könnte zum gegenteiligen Ergebnis führen.

Beispiel:
Ich höre drei Tage lang nichts von ihm. Sucht
er mit mir nach *Mil Dang?*

Mini Album

"Ein Album, das weniger Titel enthält als ein Standardalbum"

Ein **Mini-Album** enthält zwischen fünf und sieben Lieder (einen Titel und mindestens eine Ballad). Einige Mini-Alben enthalten auch Intro-Songs, die etwa eine Minute lang sind, und Instrumentalversionen der Titel.

Beispiel:
Wann werden die Oppas ihr Comeback feiern... Das Warten ist zu anstrengend, sie könnten wenigstens ein *Mini-Album* herausbringen...

미워 Mi Wo   [mi-wŏ]

"Nicht genießen"

Niedliche Art, Ärger oder die Tatsache, dass einem etwas nicht gefällt, auszudrücken.

Beispiel:
Warum hast du mich nicht angerufen? Oppa *Mi Wo Mi Wo!*

목소리 Mok So Ri   [mok-so-ri]

"Stimme"

Wort, das sich aus **"Mok 목 Hals"** und **"So Ri 소리 Klang"** zusammensetzt. Wichtigstes Element für einen Sänger. Bezeichnet auch eine Meinung oder einen Standpunkt.

Beispiel:
Kyumins *Mok So Ri* ist der weichste aller Idolsänger.

몰카 Mol Ca [mol-ka]

"Versteckte Kamera"

Zusammenziehung von "**Mol** Lae 몰래 heimlich" und "**Ca**mera 카메라"
Bezeichnet die Tatsache, dass jemand ohne sein Wissen gefilmt wird.
Gesellschaftliches Problem, da nicht nur Prominente, sondern auch normale
Menschen Opfer geworden sind.

Beispiel:
Viele Fans sind weggegangen, seit Jasons enttäuschendes Privatleben
von *Mol Ca* aufgedeckt wurde.

몰컴 Mol Com [mol-kŏm]

"Heimlich am Computer arbeiten"

Zusammengesetzt aus "**Mol** Lae 몰래 heimlich" und
"**Com**puter 컴퓨터 Computer" Bezeichnet bei Kindern die
Tatsache, dass sie zur Schlafenszeit ohne das Wissen ihrer
Eltern an den Computer gehen. Wenn man **Mol Com** macht,
hat man den Eindruck, dass die Geräusche des PCs
seltsamerweise die lautesten der Welt sind.

Beispiel:
Oh, das Live-Konzert von The Oppas ist um 23 Uhr. Ich mache *Mol Com* und schaue es mir
online an.

몰라 Mol La [mol-la]

"Ich weiß nicht","Keine Ahnung"

Wird verwendet, um eine Antwort auf eine unangenehme
Frage zu vermeiden oder um Unzufriedenheit zu zeigen.

Beispiel:
Uhyuk: Was ist dein Gewicht?
Mina: *Mo La!* Solche Fragen sollte man den Damen nicht stellen!

몸짱 Mom Jjang / Zzang   [mom-jjang]

"Person mit einem tollen Körper"

Ein Wort, das sich aus "**Mom 몸** Körper" und "**Jjang/Zzang 짱** der Beste" zusammensetzt. Bezeichnet für einen Mann eine muskulöse Person und für eine Frau eine schlanke Person.

Beispiel:
Ich habe kein schönes Gesicht, aber weil ich viel Sport treibe, habe ich *Mom Zzang!*

모자이크 Mosaic   [mo-ja-i-kŭ]

"Tool für die Videozensur"

Videozensur-Bearbeitungswerkzeug, das im koreanischen Fernsehen verwendet wird, um für Teenager sensible Szenen (exzessive Gewalt, Geschlecht, Zigaretten, Tätowierungen usw.) zu verbergen oder die Identität einer bestimmten Person zu verschleiern. Einige Teile werden wie ein Mosaik (Mosaic) verpixelt, damit sie nicht erkannt werden können. In koreanischen Fernsehsendungen kommt es manchmal vor, dass bestimmte Logos auf der Kleidung oder den Kappen der Teilnehmer durch **Mosaic** verwischt werden. Der Grund dafür ist, dass Marken, die keine offiziellen Sponsoren sind, nicht gezeigt werden können.

Beispiel:
Wenn ich in einer Sendung mitmache, wäre mein Gesicht in *Mosaic:* Es ist schädlich für Teenager ...

무플 Moo Peul   [mu-pŭl]

"Kein Kommentar"

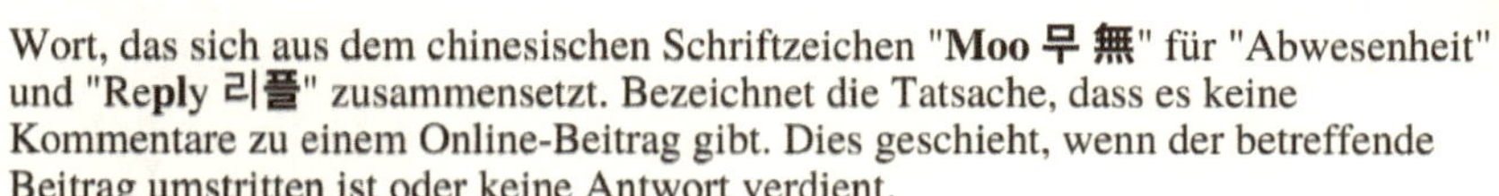

Wort, das sich aus dem chinesischen Schriftzeichen "**Moo 무 無**" für "Abwesenheit" und "**Reply 리플**" zusammensetzt. Bezeichnet die Tatsache, dass es keine Kommentare zu einem Online-Beitrag gibt. Dies geschieht, wenn der betreffende Beitrag umstritten ist oder keine Antwort verdient.

Beispiel:
Schlimmer als das Ak Peul ist das *Moo Peul,* da sich niemand dafür interessiert.

무대 Moo Dae [mu-dae]

"Bühne"

Bezeichnet den Ort, an dem die Sänger ihre Auftritte absolvieren. Das ultimative Ziel eines jeden Trainees, der hart trainiert und davon träumt, ein K-Pop-Star zu werden.

Beispiel:
Unsere Oppas sind am schönsten, wenn sie auf *Moo Dae* stehen!

무개념 Moo Gae Nyeom [mu-gae-nyŏm]

"Kennt keine Scham"

Ein Wort, das aus dem chinesischen Schriftzeichen **"Moo 무 無"** für "Abwesenheit" und **"Gae Nyeom 개념"** für "gesunder Menschenverstand" zusammengesetzt ist. Bezeichnet eine Person, der es an Empathie oder gesundem Menschenverstand mangelt und die kritikwürdige Verhaltensweisen an den Tag legt, ohne sich um andere zu kümmern. Ähnliche Bedeutung wie "Jin Sang"

Beispiel:
In einer Bibliothek zu lachen und laut zu reden ist wirklich *Moo Gae Nyeom.*

문자 Moon Ja [mun-jja]

"Eine SMS, eine Textnachricht"

Wort für eine SMS, d. h. eine Nachricht, die über ein Mobiltelefon und nicht über eine Smartphone-Messaging-App (z. B. iMessage) versendet wird.

Beispiel:
Ich habe Kakao Talk nicht. Wir kontaktieren uns per *Moon Ja!*

모태 솔로 Mo Tae Solo   [mo-tae-sol-lo]
"Seit jeher Single"

Zusammengesetztes Wort aus "**Mo Tae 모태**", was "der Bauch seiner Mutter" bedeutet, und "**Solo**" Bedeutet, von Geburt an unverheiratet zu sein. Bezeichnet eine Person, die noch nie eine Liebesbeziehung hatte. Das kann daran liegen, dass man unattraktiv ist, aber auch an religiösen Überzeugungen wie Nonnen oder Priestern.

Beispiel:
Joohee ist wirklich hübsch, aber sie hatte noch nie einen Freund. Sie ist eine *Mo Tae Solo!*

MR

"Die Instrumentalversion eines Liedes"

Initialen von "**M**usic **R**ecorded" Bezeichnet die Version eines Musikstücks, die nur das Instrumental ohne die Stimme des Sängers enthält. "**MR제거** MR gestrichen" bezeichnet dagegen die Gesangsversion ohne das Instrumental.

Beispiel:
Hast du dir Kori ohne *MR* angehört? Der singt so schlecht!

먹방 Muk Bang / Meok Bang   [mŏk-bang]
"Eating show"

Zusammenzug aus "**Meok** Neun 먹는 essen" und "**Bang** Song 방송 Sendung" Der Moderator isst live auf YouTube oder afreeca TV und kommuniziert mit den Zuschauern über den Chat. Manche Moderatoren sind aufgrund der enormen Menge an Essen, die sie essen, sehr erfolgreich. Viele Leute denken, dass es seltsam ist, jemand anderem beim Essen zuzusehen, aber heutzutage leben viele junge Leute allein und genießen das Gefühl, mit jemandem eine Mahlzeit zu teilen. Viele ausländische Youtuber machen auch **Muk Bangs.**

Beispiel:
Da ich spät nach Hause komme, habe ich niemanden, mit dem ich essen kann. Ich werde essen und mir dabei einen *Muk Bang* ansehen.

Music Bank
"Wöchentliche Musikshow"

Wöchentliche Musikshow, die von KBS produziert wird. Ermittelt eine Rangliste, indem die digitalen Charts, die Anzahl der verkauften Alben, die Häufigkeit der Radio-/TV-Ausstrahlung usw. gesammelt werden.

Beispiel:
Oh! Es ist Zeit für *Music Bank!* Schnell, mach den Fernseher an!

MV
"Music Video", "ein Musikvideo"

Je nach dem Konzept des Liedes ändert sich auch das Thema des Musikvideos. In letzter Zeit investieren die Plattenfirmen große Summen für eine filmreife Qualität.

Beispiel:
Das neue *MV* von 8 Players ist auf YouTube sehr beliebt.

뭥미? Mwong Mi? [mwŏng-mi]
"Was ist das?"

Weit verbreiteter Ausdruck, der nicht Standardkoreanisch ist und "was?", "was ist das?" bedeutet, woraus Teenager eine lustige Aussprache gemacht haben.

Beispiel:
Ich habe einen verpassten Anruf von meinem Ex bekommen, der sich seit zehn Jahren nicht mehr bei mir gemeldet hat. *Mwong Mi?*

네/아니요 Ne / A Ni Yo   [ne/a-ni-yo]

"Ja/Nein (unterstütztes Register)"

Wird auch verwendet, um jemandem zu antworten.

Beispiel:
Der Lehrer: Vicky! Kannst du das Problem lösen?
Vicky: *Ne*? Ich? *A Ni Yo,* ich glaube nicht, dass ich es lösen kann!

내게로 와 Nae Ge Ro Wa   [nae-ge-ro-wa]

"Komm zu mir"

Ausdruck mit der Bedeutung "Komm zu mir" Ausdruck, der den Willen bekundet, sich jemandem psychologisch oder physisch zu nähern. Mächtige Zauberformel, der sich jemand, der sein Herz bereits geöffnet hat, nicht entziehen kann.

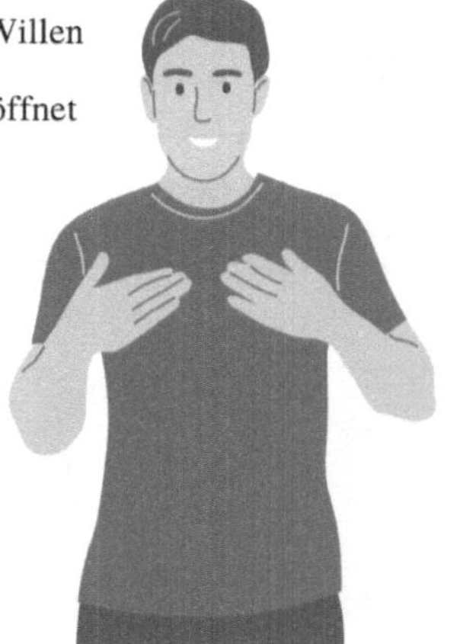

Beispiel:
Der Ehemann: Schatz, *Nae Ge Ro Wa.*
Die Frau: Ja, mein Schatz.
Der Ehemann: Und auf dem Weg könntest du die Fernbedienung mitbringen?
Die Frau: Pfft...

냉무 Naeng Moo   [naeng-mu]

"Kein Inhalt"

Zusammengesetztes Wort aus "**Naeng 냉**" lustige Kontraktion von "Nae Yong 내용 Inhalt" und dem chinesischen Schriftzeichen "**Moo 무 無**", das "Abwesenheit" bedeutet. Wird als Titel eines Beitrags verwendet und dient dazu, mitzuteilen, dass es im Beitrag selbst keinen Inhalt gibt.

Beispiel:
Naeng Moo.

낚시 Nak Si [nak-shi]

"Berner, jemanden täuschen"

Wort mit der Bedeutung "angeln" Bezeichnet die Tatsache, jemanden zu haben, so wie man einen Fisch mit einem falschen Köder angelt. Bezeichnet die Tatsache, dass man Täuschung oder Betrug anwendet, um das zu bekommen, was man will. Vorsicht vor allem am 1. April (Aprilscherz).

Beispiel:
Wenn du das Video sehen willst, klicke hier mit dem Zeh und lecke. Ja, das ist *Nak Si.*

남친/여친 Nam Chin/Yeo Chin

"Freund/Freundin" [nam-chin/yŏ-chin]

Zusammenziehung von "**Nam** Ja **Chin** Gu 남자친구" / "**Yeo** Ja **Chin** Gu 여자친구", was so viel wie "Kumpel/Freundin" bedeutet. Für manche Menschen sind dies imaginäre Wesen, die in der Realität nicht existieren.

Beispiel:
Ach, ist das kalt! Ich wünschte, ich hätte eine *Yeo Chin!*

남대문 Nam Dae Moon [nam-dae-mun]

"Offener Hosenstall"

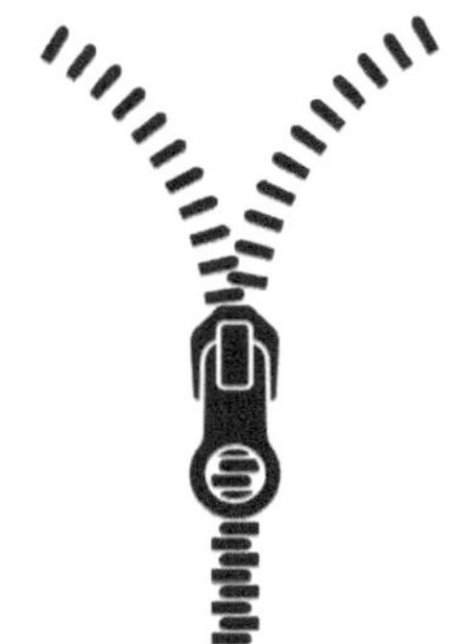

Bezeichnet ursprünglich den koreanischen Nationalschatz Nr. 1 "**Nam Dae Moon** 남대문 ("Großes Tor des Südens")", aber da "**Nam** 남" ein Homonym für "der Süden 남쪽" und "der Mensch **Nam** Ja 남자" ist, bezeichnet es "das große Tor des Menschen" "**Nam Dae Moon** ist offen" ist also ein Ausdruck, um dem anderen diskret zu signalisieren, dass sein Hosenstall offen ist.

Beispiel:
Der Schüler: Sir! Schau dir den *Nam Dae Moo*n an!
Der Lehrer: Willst du den *Nam Dae Moon* besuchen?
Der Schüler: Nein! Dein Hosenstall ist offen!

남사/여사친 Nam Sa/Yeo Sa Chin

[nam-sa-chin/yŏ-sa-chin]

"Ein männlicher Freund/eine weibliche Freundin, mit dem/der man keine Liebesbeziehung hat"

Zusammenziehung von "**Nam** Ja **Sa** Ram 남자 사람 eine männliche Person / **Yeo** Ja **Sa** Ram 여자 사람 eine weibliche Person" und "**Chin** Goo 친구 Freund(in)" Nicht zu verwechseln mit "Nam Chin / Yeo Chin", das eine Person bezeichnet, mit der man in einer Beziehung ist. Wie man an dem Wort "**Sa** Ram 사람 eine Person", das in dem Ausdruck enthalten ist, sehen kann, betont die Tatsache, dass die Person nur ein/e Freund/in des anderen Geschlechts ohne eine zweideutige Beziehung ist.

Beispiel:
Monica: Wow, ihr passt wirklich gut zusammen!
Tom: Nein! Nein! Das ist nur eine *Yeo Sa Chin!*
Jennifer: Ja, das ist richtig! Es ist nur ein *Nam Sa Chin!*

네이버 Naver [ne-i-bŏ]

"Das größte Internetportal in Korea"

Seite, die verschiedene Dienste wie Internetsuche, Blogs, Shopping, Nachrichten, Musik, Karten usw. anbietet. Alle K-Pop-Sänger wollen die Nr. 1 in der Rangliste der meistgesuchten Begriffe auf **Naver** sein.

Beispiel:
Abe: Hey, könntest du das mal googeln?
Nielsen: Wir sind hier in Korea, du musst *Naver* benutzen!

넘사벽 Neom Sa Byeok [nŏm-sa-byŏk]

"Der das Verständnis übersteigt"

Zusammenzug aus "**Neom** Eul Soo Eop Neun 넘을 수 없는 der nicht überschritten werden kann", "**Sa** Cha Won 사차원 4 Dimension" und "**Byeok** 벽 Mauer" Bezeichnet eine Person, die das Verständnis überschritten hat und nicht kontrolliert oder unterworfen werden kann.

Beispiel:
Doyle: Ich habe eine Flasche Wodka getrunken und es macht mir nichts aus.
Mina: Ah, was den Alkohol angeht bist du wirklich ein *Neom Sa Byeok.*

네티즌 Netizen [ne-ti-jŭn]

"Nutzer des Internets"

Ein Wort, das sich aus den englischen Wörtern "Inter**net**" und "Citi**zen**" zusammensetzt. Es gibt viele vorbildliche Nutzer, aber auch böswillige Nutzer, die Hasskommentare posten und andere in den Selbstmord treiben.

Beispiel:
JJackie wurde wegen Trunkenheit am Steuer verhaftet! Es wird viele Akpeuls von *Netizens* geben. Man sollte auf keinen Fall fahren, wenn man betrunken ist!

뉴페 New Pe [nyu-pe]

"Ein neues Mitglied"

Kontraktion von "**New Fa**ce" (Neues Gesicht). Bezeichnet eine Person, die neu Mitglied geworden ist, unabhängig von ihrem Alter oder ihrer Erfahrung. (Anmerkung: Da der f-Laut im Koreanischen nicht existiert, wird "Face" als "**Pa**ce" ausgesprochen).

Beispiel:
Ning: Ah, mir ist langweilig! Keine *New Pe* in unserer Gruppe?
Jenna: Wenn ich mich einer Schönheitsoperation unterziehe, würde mich das dann zu einer *New Pe* machen?

뇌섹남 Noe Sek Nam [noe-sek-nam]

"Eine Person, deren Charme in einer außergewöhnlichen Intelligenz besteht"

Zusammenzug aus "**Noe** 뇌가 Gehirn", "**Sek** Si Han 섹시한 sexy sein" und "**Nam** Ja 남자 Mann" Bezeichnet eine intelligente und humorvolle Person, unabhängig von ihrem Aussehen.

Beispiel:
Dongyu hat kein besonders schönes Gesicht, aber man sagt, er sei ein Doktor der Technik aus Harvard. Er ist ein echter *Noe Sek Nam.*

Newbie

"Person, die keine Erfahrung in einem Bereich hat"

Ein **Newbie** (aus dem Englischen für "Neuling", "Frischling"),
der gerade sein Debüt gibt, hat viele Seon Baes, um die er sich
kümmern muss.

Beispiel:
Jun: Hallo, ich war früher ein Ballad-Sänger!
Taro: Herzlich willkommen! Aber du weißt, dass Ballad nichts mit Hip-Hop zu tun hat? Du
bist hier ein *Newbie!*

NG

"Refilmer"

Initialen des englischen Wortes "**N**o **G**ood" Ein Begriff, der bei
Dreharbeiten für Filme oder Dramen verwendet wird. Wird
verwendet, wenn man wegen eines Fehlers eines Schauspielers
oder eines Problems mit der Kulisse usw. neu filmen muss.

Beispiel:
NG! Ich habe dir gesagt, dass du beim Küssen
nicht die Augen öffnen sollst!

노안 No An [no-an]

"Gesicht, das älter aussieht als das tatsächliche Alter"

Wort, das sich aus den chinesischen Schriftzeichen "**No 노 老** alt"
und "**An 안 顔** Gesicht" zusammensetzt. Gegenstück zu "Dong An"
Zu einer Person **No An** ab ihrer Jugend wird oft gesagt, dass sie alt
aussieht, aber ihr Vorteil ist, dass sie nicht alt zu werden scheinen.
Tatsächlich ist es mit zunehmendem Alter schwierig, bei Freunden
ein Gesicht zu erkennen, das man aus der Jugend kennt, aber man
sagt, dass **No Ans** sich nicht verändern.

Beispiel:
Seit meiner Geburt wurde mir gesagt, dass ich ein Opa bin. Ein echter *No An.*

녹화방송 Nok Hwa Bang Song

"Voraufgezeichnete Sendung" [nok-hwa-bang-song]

Ein Wort, das sich aus "**Nok Hwa** 녹화 Aufnahme"
und "**Bang Song** 방송 Sendung" zusammensetzt.
Die Ausstrahlung von etwas, das zuvor aufgenommen wurde.
Sicherer, da selbst wenn es einen NG gibt, dieser neu gefilmt werden
kann. Gegenteil von "Saeng Bang Song 생방송 Live-Sendung"

Beispiel:
Yoshi: Wow, wie kann er so gut spielen, ohne auch nur ein NG zu haben?
Ina: Das liegt daran, dass es ein *Nok Hwa Bang Song* ist und der Schnitt gut gemacht wurde.

놀토 Nol To [nol-to]

"Ruhiger Samstag"

Zusammenziehung von "**Nol** Da 놀다 spielen, sich
ausruhen" und "**To** Yo Il 토요일 Samstag" Begriff, der
verwendet wird, seit die Schule 2012 auf fünf Tage
umgestellt wurde. Der Tag, auf den sich die Schüler in der
Woche am meisten freuen.

Beispiel:
Nur noch ein Schultag und es ist *Nol To!*

눈치 Noon Chi [nun-chi]

"Fähigkeit, eine Situation zu lesen"

Die lexikalische Bedeutung ist "auf den ersten Blick"
Bezeichnet die Fähigkeit, eine Situation schnell zu
analysieren und zu verstehen, was der andere will. Eine
Fähigkeit, die in der koreanischen Gesellschaft, in der
hierarchische Beziehungen nach dem Alter definiert werden,
besonders notwendig ist. Eine Person ohne **Noon Chi** ist
wie eine Bombe, bei der man nicht weiß, wann sie
explodieren wird.

Beispiel:
Auf einer Hochzeit über die Ex des Bräutigams zu sprechen,
ist ein Verhalten ohne *Noon Chi.*

눈치게임 Noon Chi Game   [nun-chi gae-im]

Ein Spiel, bei dem man gewinnt, wenn man das Timing der anderen übernimmt.

Das Wort setzt sich aus "**Noon Chi 눈치** ("Fähigkeit, eine Situation schnell zu lesen")" und "**Game 게임** Spiel" zusammen. Das Spiel beginnt, wenn der Spielleiter die Zahl 1 ruft. Die anderen Spieler müssen die nächsten Zahlen rufen, um zu überleben. Wenn mehrere Spieler die gleiche Zahl rufen, haben sie verloren. Wenn es keine doppelte Zahl gibt, verliert der letzte verbleibende Spieler und muss trinken. Es handelt sich um ein schnelles Spiel, das daher sehr fesselnd ist.

Beispiel:
Freund 1: Hey, habt ihr Lust, ein Spiel zu machen?
Freunde 2, 3, 4: Was für ein Spiel? *Noon Chi Game?*
Freund 1: Nein, nein! Der ist nicht lustig... 1!
Freund 2: Zwei!
Freunde 3, 4: (gleichzeitig) Drei! Ah! Das war's! Du hast gesagt, dass du das *Noon Chi Game* nicht spielen willst... Du hast uns reingelegt...

누나 Noo Na   [nu-na]

"Eine Frau, die älter ist als man selbst", "ältere Schwester"

Ausdruck, den ein jüngerer Mann benutzt, um eine Frau anzusprechen, die älter ist als er. Sollte nicht ohne Erlaubnis bei einer Person verwendet werden, die man nicht kennt oder der man nicht nahesteht. So wie weibliche Fans ihre älteren männlichen Idols als "Oppa" bezeichnen, bezeichnen männliche Fans ältere weibliche Idols als **"Noo Na"**

Beispiel:
Noo Na! Wo ist sie, Mama?

누나 로맨스 Noo Na (Romance)

"Eine Frau, die sich in einen jungen Mann verliebt"   [nu-na ro-maen-ssŭ]

Tritt häufig in K-Dramas mit folgendem Setting auf: Sie verleugnet ihre Liebesgefühle zunächst, akzeptiert sie aber schließlich am Ende (da Paare, bei denen die Frau älter ist, in Korea relativ unüblich sind).

Beispiel:
Was? Ein *Noo Na Romance* auf ihn? Niemals, er ist superjung!

누나킬러 Noo Na Killer [nu-na kil-lŏ]

"Ein junger Mann, der ältere Frauen umwirft"

Ae Gyo und Eye Smile sind seine größten Stärken. Sei vorsichtig, denn wenn er minderjährig ist, kann er ein Jailbait sein!

Beispiel:
Da Andrew viele Ae Gyo hat und süß ist, hat er den Spitznamen *Noo Na Killer.*

노래 No Rae [no-rae]

"Lied"

Aus Text und Melodie gemacht, um gesungen zu werden.

Beispiel:
Eine Person, die *No Rae* gut kann und auch Choom gut kann, ist Dae Bak!

노래방 No Rae Bang [no-rae-bang]

"Ein privater Ort, an dem man singen kann", Karaoke.

Wort bestehend aus "**No Rae** 노래 Lied" und "**Bang** 방 Stück" Wenn der/die Nutzer/in eine Nummer auf der Fernbedienung drückt, spielt das Gerät das aufgenommene Instrumental ab und auf dem Bildschirm wird der Text angezeigt. Normalerweise wird pro Stunde abgerechnet (30min/1h-Takt), aber es gibt auch "Coin **No Rae Bang** 코인 노래방", bei dem man pro Lied bezahlt.

Beispiel:
Hey, wir lassen die Sau raus im *No Rae Bang!*

누구 Nu Gu   [nu-gu]

"Anonymer Künstler", "der"

Ein Ausdruck, der verwendet wird, um Fragen über eine Person zu stellen, die man nicht kennt (z. B. "Wer ist das?"), oder um jemanden absichtlich zu verachten. Unter K-Pop-Fans, bezeichnet einen wenig bekannten Künstler.

Beispiel:
Bobae: Sind sie nicht zu schön, meine Oppas?
Chorin: *Nu Gu*? Ich sehe sie zum ersten Mal! Sie sind viel weniger schön als meine!
Bobae: Du bist tot, das ist der Beginn des Fan Wars...

오글 O Geul   [o-gŭl]

"Zustand der Scham und des Unbehagens, der durch andere verursacht wird"

Kontraktion von "**O Geu** Ra Deun Da "오그라든다 sich zusammenkrümmen" Bezeichnet den Zustand, in dem man sich so sehr schämt und verlegen ist, dass man "Hände und Füße zusammenkrümmt", wenn man sich schlechte Schauspielerei oder kindische Liebeserklärungen ansieht. "Nicht mehr wissen, wo man stehen soll"

Beispiel:
Mini: Es gibt einen Schüler in meiner Schule, der während einer Unterrichtsstunde eine Erklärung mit Blumen abgegeben hat und er ist durchgefallen.
Arthur: Ah, *O Geul* ... Zu groß die Scham.

오바이트 O Ba I Teu   [o-ba-i-tŭ]

"Erbrechen", "kotzen"

Die Konglish-Version (verzerrtes Englisch, das nur von Koreanern "Korean English" verwendet wird) des englischen "Over Eat", das "zu viel essen" bedeutet.

Beispiel:
Berk! Mach deinen Kopf frei! Ich werde *O Ba I Teu*.

오징어 O Jing Eo [o-jing-ŏ]

"Ein hässliches Gesicht"

Die lexikalische Bedeutung ist "der Tintenfisch" Der Ursprung dieses Ausdrucks liegt in einer Geschichte, die vor langer Zeit online veröffentlicht wurde: Ein Paar ging ins Kino, um sich einen Film anzusehen, in dem der Held besonders gut aussah. Als Die Tochter sich am Ende des Films umdrehte, um ihren Freund anzusehen, dachte sie, sie würde einen **O Jing Eo** sehen!
(Anmerkung: Die Koreaner denken, dass Tintenfisch eine besonders hässliche Meeresfrucht ist).

Beispiel:
Marcos schönes Gesicht verwandelte seine gesamte Umgebung in ein *O Jing Eo.*

오징어 게임 O Jing Eo Game / Squid Game

"Koreanisches Spiel/International erfolgreiche koreanische Netflix-Serie"

[o-jing-ŏ gae-im]

Beliebtes Spiel bei koreanischen Kindern bis in die 1980er Jahre. Der Name des Spiels, "**O Jing Eo** 오징어 calamar (engl. squid)", kommt daher, dass die Linienführung auf dem Boden tatsächlich wie ein Tintenfisch aussieht.

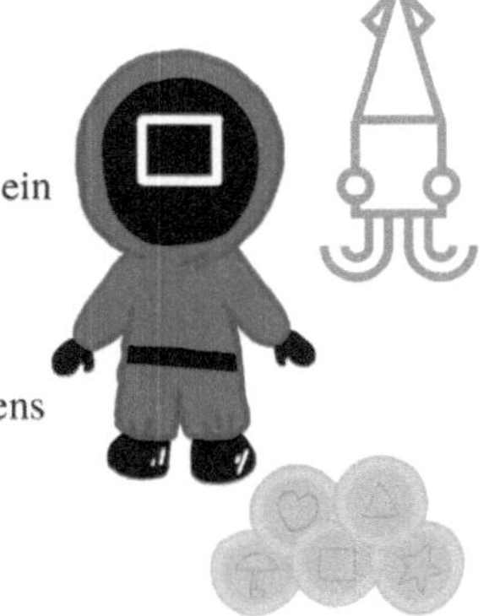

Das Drama mit diesem Titel, "Squid Game", handelt von den Teilnehmern eines dubiosen Spiels mit einem Preisgeld von 45.600.000.000 Won (34.091.790 EUR) , die unter Einsatz ihres Lebens in den Wettbewerb um den Sieg eintreten. Die Serie belegte in allen Ländern, in denen Netflix vertreten ist, Platz 1 der Beliebtheitsskala.

Beispiel:
Heutzutage kann man nicht mit jemandem diskutieren, der *O Jing Eo Game* nicht gesehen hat.

오지랖 Oh Ji Rap [o-ji-rap]

"Sich in Angelegenheiten einmischen, die ihn nichts angehen"

Das übermäßige Einmischen oder jemand, der sich übermäßig einmischt.

Beispiel:
Übermäßige Aufmerksamkeit ist keine Liebe, sondern *Oh Ji Rap.*

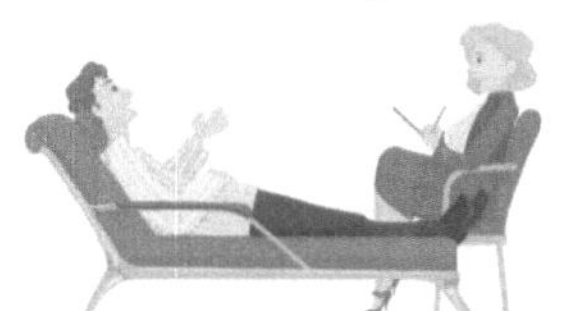

OME (Oh My Eyes)

"Etwas, das man lieber nicht gesehen hätte"

Kontraktion von "Oh My Eyes" Bezeichnet eine schreckliche Szene, die man lieber nicht gesehen hätte.

Beispiel:
Hul... Ist das ein Foto von dir vor der Operation? *OME! OME!*

Old Miss

"Alte Jungfer"

Ausdruck, um eine alte Jungfer auf gesittete Weise zu bezeichnen, ohne sie zu beleidigen.

Beispiel:
Die Mutter: Wenn du auch dieses Jahr nicht heiratest, bist du eine alte Jungfer!
Die Tochter: Ich bin keine alte Jungfer, ich bin eine *Old Miss.*

어머 O Mo / Eo Meo [ŏ-mŏ]

"Oh Gott!"

Natürlicher Ausdruck bei Überraschung, Scham, Angst usw. Wird in der Regel von Frauen verwendet, Männer, die ihn benutzen, können als schwul verdächtigt werden.

Beispiel:
O Mo! Du hast mich erschreckt!

무궁화 꽃이 피었습니다
Moo Goong Hwa Kko Chi Pi Eot Seup Ni Da

[mu-gung-hwa kko-chi pi-ŏt-ssŭp-ni-da]

"Eins, Zwei, Drei, Ochs am Berg"

Spiel, bei dem der Anführer mit dem Gesicht zu einer Wand **"Moo Goong Hwa Kko Chi Pi Eot Seup Ni Da 무궁화 꽃이 피었습니다** die Hibiskusblüte ist erblüht" ruft, sich dann umdreht und die Spieler, die sich noch bewegen, fängt. Man gewinnt, wenn es einem gelingt, zum Anführer zu gelangen, ohne gefangen zu werden. Da es auch in anderen Ländern Spiele mit ähnlichen Regeln gibt, scheint es sich nicht um ein traditionelles Spiel zu handeln, das nur in Korea gespielt wird. Im Jahr 2021 wurde das Spiel jedoch international populär, nachdem es in der erfolgreichen Netflix-Serie "O Jing Eo Game 오징어 게임 Squid Game" erschien.

Beispiel:
Herr! Wie wäre es, wenn du uns anstelle der Prüfungen am Ende des Semesters mit dem Spiel *Moo Goong Hwa Kko Chi Pi Eot Seup Ni Da* benoten würdest?

오빠 Oppa   [o-ppa]

"Ein älterer Bruder", "älterer Bruder"

Ein Ausdruck, der von einer jüngeren Frau verwendet wird, um einen Mann zu bezeichnen, der älter ist als sie. Kann unhöflich sein, ihn zu verwenden, wenn man die andere Person nicht kennt und sie nicht um ihre Zustimmung gebeten hat. Männer haben ein Gefühl der Überlegenheit, wenn sie mit "**Oppa**" angesprochen werden, und sind daher hilfsbereiter. Manche Frauen missbrauchen diesen Punkt und nennen sie strategisch "**Oppa**", wenn sie sie um einen Gefallen bitten.

Beispiel:
Daisy: Sam, kannst du mir bitte beim Putzen helfen?
Sam: Keine Lust!
Daisy*: Oppa!*
Sam: Ja, okay.

오크 O Keu   [o-kŭ]

"Eine hässliche Frau"

Wort von "Ork", einer Monsterrasse in Fantasyromanen, das verwendet wird, um hässliche Frauen, die keinen Charme haben, herabzusetzen.

Beispiel:
Tommy: Ah, ein *O Keu!* Lass uns ihn angreifen!
Shawn: Beruhige dich! Sie ist deine Schwester!

OST

"Original Sound Track" ("Original-Soundtrack" auf Deutsch).

Ein Titel, der speziell für ein Drama oder einen Film komponiert wurde.
Wenn ein bekannter Sänger einen **OST** singt, steigt die Wahrscheinlichkeit,
dass das betreffende Drama oder der Film ein Hit wird.

Beispiel:
Jetzt bevorzuge ich *OSTs*, die besser sind als Alben
von passablen Sängern.

OTL

"Verzweiflung"

Emoji, das eine Person zeigt, die mit gesenktem Kopf kniet.
Der Buchstabe **O** steht für den Kopf, der Buchstabe **T** für
den Körper und die Arme, der Buchstabe **L** für die knienden
Beine.

Beispiel:
Ah... Ich habe den Ramen verschüttet... *OTL*

어떡해 O Tto Ke   [ŏ-ttŏ-kae]

"Ausdruck der Verwirrung"

Ausdruck mit der Bedeutung "Was soll ich tun?", drückt
Verlegenheit, Scham usw. aus.

Beispiel:
Ah Ich habe meine Hausaufgaben nicht gemacht! *O Tto Ke?*

OTP

"**O**ne **T**rue **P**airing" (Ein wahres Paar).

Bezeichnet zwei enge Personen, beste Freunde, die in einer Gruppe gut zusammenpassen.

Beispiel:
Jenny und Juno sind wirklich *OTP*. Sie scheinen sich wirklich nahe zu stehen.

아웃 오브 안중 Out Of An Joong

"Nicht interessiert"
[a-u-do-bŭ-an-jung]

Zusammengesetztes Wort aus dem englischen "**Out Of** 아웃 오브" für "außerhalb" und "**An Joong** 안중" für "Aufmerksamkeit, Interesse", bezeichnet das Sein außerhalb der eigenen Aufmerksamkeit.

Beispiel:
Ich werde jemanden kennenlernen, der besser ist als du! Du bist *Out Of An Joong!*

P방 / P Bang

"Cybercafé"

Von Kindern verwendetes Wort, um den Begriff "PC Bang 피씨방" abzukürzen, der "Internetcafé" bedeutet. Dort kann man mit Freunden online spielen und sich etwas Gutes zum Knabbern kaufen.

Beispiel:
Ah, es sind Ferien! Wir gehen ins *P Bang!*

팔불출 Pal Bool Chool [pal-bul-chul]

"Ein Mann, der ständig mit seiner Freundin/Ehefrau prahlt"

Kommt von der lexikalischen Bedeutung "Person, die nicht mit 9 Schwangerschaftsmonaten, sondern erst nach 8 Monaten voll ausgetragen wurde" d. h. "eine Person, die nicht fertig ist" Bezeichnet einen Mann, der ständig mit seiner Freundin/Frau prahlt.

Beispiel:
Pal Bool Chools sollten bei Klassentreffen der Highschool verboten werden, weil es dort noch alte Männer gibt.

PD

"**Program Director**" ("Produzent" auf Deutsch)

Eine Person, die für die Leitung der Produktion einer Fernsehsendung, eines Dramas, eines Films usw. verantwortlich ist. In der koreanischen Unterhaltungsbranche haben Produzenten enormen Einfluss und Macht

Beispiel:
Wenn du in erfolgreichen Sendungen auftreten willst, musst du *PD* Kim in den Hintern kriechen.

페도 누나 Pedo Noo Na [pe-do nu-na]

"Eine Frau, die einen jungen männlichen Idol liebt"

Zusammengesetztes Wort aus "**Pedo**phile" und "**Noo Na** 누나 (Bezeichnung einer älteren Frau durch einen jüngeren Mann)" Dieses Wort steht in Verbindung mit "Jailbait"

Beispiel:
Jailbait! Patricia ist dafür bekannt, eine *Pedo Noo Na* zu sein.

삐삐로 데이 Pepero (Day)   [ppe-ppe-ro de-i]

"Der Valentinstag im November"

Der 11. November (11/11), der an vier Stäbe erinnert, ein Tag, der für Paare geschaffen wurde, aber für Singles traurig ist. Ermöglicht es, seine Liebe durch den Austausch von "**Pepero**" (mit Schokolade überzogene Kekse am Stiel, ähnlich wie Mikados) auszudrücken.

Beispiel:
Ich bin Single. Ich finde, dass alle Feiertage wie *Pepero Day,* Weihnachten und der Valentinstag verschwinden sollten.

피켓팅 Picketing   [pi-ke-ting]

"Harter Wettkampf um Eintrittskarten"

Zusammengesetztes Wort aus "**Pi 피**" für "Blut" und "**Tic**keting 티켓팅", drückt den harten Wettbewerb "bis zum Bluten" aus, um Karten für K-Pop-Shows oder Konzerte zu bekommen.

Beispiel:
Wow, Jenny musste gestern *Picketing* machen, um zum Konzert von Oppa zu kommen, sie liegt im Krankenhaus!

핑프 Ping Peu   [ping-pŭ]

"Finger Princess"

Zusammenzug aus "**Pinger** 핑거 Finger" und "**Princess** 프린세스" Person, die Befehle per Textnachricht erteilt, während sie sitzt. (Anmerkung: Da es im Koreanischen keinen f-Laut gibt, wird "finger" als "pinger" ausgesprochen).

Beispiel:
Der Bruder: Noo Na hat mir eine SMS geschickt....
Schwester: Hey, bring mir ein Glas Wasser mit.
Der Bruder: Mach nicht auf *Ping Peu* und bring es selbst mit!

Plastic Prince

"Ein Mann, der durch Schönheitsoperationen schön geworden ist"

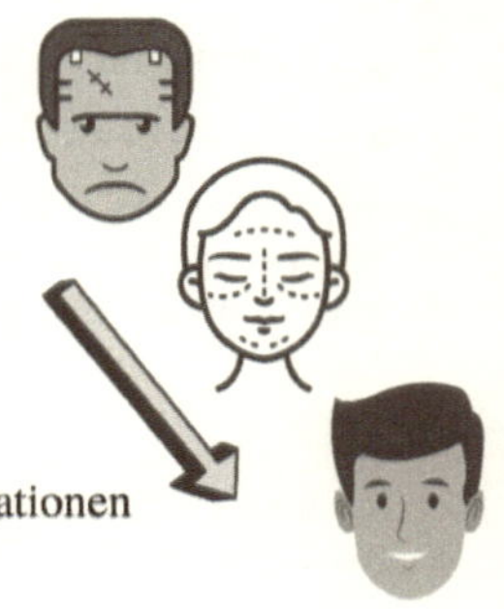

Wort, das sich aus den englischen Wörtern "**Plastic** Surgery (Schönheitschirurgie)" und "**Prince**" zusammensetzt.

Beispiel:
Nach zwei Jahren Abwesenheit ist Adam durch riesige Schönheitsoperationen wieder zu *Plastic Prince* geworden

프사 Peu Sa [pǔ-sa]

"Profilbild"

Ein Wort, das sich aus "**Peu** Ro Pil 프로필 Profil" und "**Sa** Jin 사진 Foto" zusammensetzt. Bezeichnet Fotos in Messenger-Apps wie Kakao Talk, um sich selbst darzustellen. Manchmal werden auch Fotos von Tieren oder Landschaften verwendet.

Beispiel:
Das *Peu Sa* meiner Ex hat sich verändert, es ist ein Hochzeitskleid. Sie muss heiraten...

포샵 Po Shop [po-shap]

"Gesicht retuschieren"

Kontraktion des bekannten Fotobearbeitungsprogramms "**Pho**to**shop** 포토샵" (Anmerkung: Da der f-Laut im Koreanischen nicht existiert, wird "pho" und "po" ausgesprochen). Bezeichnet die Tatsache, dass man mit dem Programm das Gesicht, den Körper usw. retuschieren kann. So kann man eine hässliche Person in Ul Zzang verwandeln, eine dicke Person in ein Supermodel.

Beispiel:
Ah es ist bald Sommer... Flemme eine Diät zu machen, ich werde durch *Po Shop* Gewicht verlieren.

포장마차 Po Jang Ma Cha   [po-jang-ma-cha]
"Outdoor Bar"

Eine Bar im Freien, die in kleinen Zelten oder transportablen Fahrzeugen untergebracht ist
(Ausländer nennen sie auch "Tent Bar"). Ort, an dem man etwas zum Alkohol trinken und
essen kann, wie Tteok Bo Kki oder auch Kim Bap. In K-Dramen: Ort, an dem der Protagonist
So Ju trinkt, um seine Trauer nach einer Trennung zu lindern, oder die Wirkung des Alkohols
nutzt, um seine Liebe zu erklären. Es ist auch der Ort, an dem betrunkene Angestellte ihrem
Vorgesetzten ehrlich ihre Unzufriedenheit darlegen.

Beispiel:
CDa wir uns gestern von meiner Freundin getrennt haben,
habe ich im *Po Jang Ma Cha* alleine 8 Flaschen So Ju getrunken.

품절남/녀 Poom Jeol Nam/Nyeo
[pum-jŏl-nam/nyŏ]

"Ein verheirateter Mann/eine verheiratete Frau"

Neologismus, der aus der Gegenüberstellung von "**Poom Jeol 품절**" für
"vergriffen, ausverkauft" und "**남 Nam / 녀 Nyeo**" für "Mann/Frau"
entstanden ist. Bezeichnet eine verheiratete Person, die keine
Liebesbeziehung mehr zu einer anderen Person haben kann.

Beispiel:
Ah verdammt! Da Oppa geheiratet hat, ist er jetzt ein *Poom Jeol Nam.*

PR
"Picture Request" (Foto-Anfrage)

Abkürzung für "**P**icture **R**equest", die Aktion von Mitgliedern
eines Fanclubs, auf einer Fanseite nach Fotos zu fragen, die
bei einer Veranstaltung aufgenommen wurden.

Beispiel:
Toya: Ich habe gestern beim Konzert viele Fotos gemacht.
Cecilia: *PR!* Schick sie mir über Kakao Talk.

레알 Rae Al [rae-al]

"Real","Echt jetzt?"

Das spanisch ausgesprochene englische "real", das von koreanischen Kindern zum Lachen benutzt wird. Wurde mit der Popularität der Fußballmannschaft Real Madrid populär.

Beispiel:
Mario: Wow! Ich wurde in Harvard angenommen!
Yasiel: *Rae Al?*

Red Sun

Hypnose

Stammt aus einer beliebten Fernsehsendung, in der die Teilnehmer hypnotisiert wurden, wenn der Hypnotiseur **"Red Sun"** rief. Unter Freunden: Wenn man aus Spaß **"Red Sun"** ruft, muss der andere so tun, als ob er hypnotisiert wird.

Beispiel:
Warum redest du so viel. Schlaf einfach ein. *Red Sun!*

Repackaged Album

"Platte, die nach dem Hinzufügen eines neuen Titels wieder auf den Markt gebracht wird"

Eine Platte, die wiederveröffentlicht wird, nachdem einer bereits auf dem Markt befindlichen Platte Inhalte wie ein weiterer Song oder ein Musikvideo hinzugefügt wurden. Eine Remastered-Disc ist ein solcher Typ. Enthält auch Bonus Tracks und Remixe.

Beispiel:
Da Vertragsprobleme die Veröffentlichung eines neuen Albums nicht zuließen, wurde beschlossen, ein *Repackaged Album* zu veröffentlichen.

Rookie

"Ein Anfänger"

Bezeichnet eine Person, die unabhängig vom Alter frisch debütiert hat.

Beispiel:
Wonki ist 53 Jahre alt, aber er ist ein *Rookie*, weil er in diesem Jahr sein Debüt gegeben hat.

Running Man

Eine Fernsehunterhaltungssendung in Korea.

Fernsehunterhaltungsprogramm von SBS, das 2010 zum ersten Mal ausgestrahlt wurde. Die Gäste müssen verschiedene Aufgaben erfüllen, die ihnen zugeteilt werden (wie z. B. versteckte Quizfragen beantworten und als Erster am Ziel ankommen). Die Sendung ist auch bei internationalen K-Pop-Fans beliebt, da sie die beliebtesten Prominenten Koreas als Gäste hat. Es wird live von Fan Sub in verschiedene Sprachen übersetzt. Das Programm wurde vom US-Medienunternehmen Business Insider als eine der "20 TV-Shows des Jahres 2016" ausgewählt

Beispiel:
JIch dachte, *Running Man* sei die Übertragung eines Marathons, aber in Wirklichkeit war es eine superlustige Unterhaltungssendung!

S Line

"Plantureous Body" (üppiger Körper)

Der Körper einer Frau, der durch Volumen üppig aussieht. Angewandter Ausdruck, da dieser Figurtyp an den Buchstaben **S** im Alphabet erinnert.

Beispiel:
Wenn du ein *S Line* willst, hör auf, Kuchen zu essen!

사바사 Sa Ba Sa   [sa-ba-sa]
"Hängt von den Personen ab"

Zusammenziehung von "**Sa** Ram 사람 Person", "**By** 바이 par"
und "**Sa** Ram 사람 Person" Bedeutet "hängt von der Person ab"
Ähnliche Bedeutung wie "Ke Ba Ke 케바케 Fall für Fall"

Beispiel:
Ich finde dieses koreanische Restaurant wirklich sehr gut, aber mein Kumpel nicht. Es ist
Sa Ba Sa, also berücksichtige ihn.

사이다 Sa I Da   [sa-i-da]
"Erfrischend"

Bezeichnet kohlensäurehaltige Getränke, die sich durch ihre
Erfrischung auszeichnen (Sprite, 7Up usw.). Kommt aus dem
Englischen "Cider" (der Apfelwein). Bezeichnet jemanden oder
etwas, das erfrischend ist und ein erdrückendes oder
blockierendes Gefühl auflöst. Gegensatz zu "Go Goo Ma"

Beispiel:
IIch habe wirklich Lust, *Sa I Da* zu trinken, wenn ich den Protagonisten sehe,
der nicht merkt, dass er belogen wird.

사랑해 Sa Rang Hae   [sa-rang-hae]
"Ich liebe dich"

Ausdruck, der am häufigsten in K-Pop oder Drama zu hören ist.

Beispiel:
Nein, ich mag dich nicht, ich mag dich *Sa Rang Hae!*

생방송 Saeng Bang Song [saeng-bang-song]

"Live-Sendung"

Zusammengesetztes Wort aus "**Saeng 생** live" und "**Bang Song 방송** Sendung" Format, das in Fernsehnachrichten oder Musiksendungen (Music Bank usw.) verwendet wird. Man kann live hören, was auf dem Spielfeld passiert. Da ein Schnitt jedoch nicht möglich ist, sind Fehler umso ärgerlicher.

Beispiel:
Die *Saeng Bang Songs* machen mich nervös. Ein Fehler und das ist das Ende

쌩얼 Ssaeng Eol [ssaeng-ŏl]

"Gesicht ohne Schminke"

Neologismus aus der Kombination des chinesischen Schriftzeichens "**Saeng 생 生** (Hinzufügen eines s, um die Aussprache stärker zu machen und zu betonen : **Ssaeng 쌩**)", was "roh" bedeutet, und "**Eol** Gul 얼굴", was "Gesicht" bedeutet. Wird bei Jugendlichen verwendet und sollte auf keinen Fall bei offiziellen Veranstaltungen verwendet werden. Bei offiziellen Veranstaltungen sollte der unterstützte Begriff Min Nat 민낯 verwendet werden.

Beispiel:
AAh Wer bist du A Ju SShi? Ah, das ist meine Freundin. Ich habe dich in *Sseng Eol* nicht erkannt

생파 Saeng Pa [saeng-pa]

"Geburtstagsfeier"

Zusammenziehung von "**Saeng Il 생일** Geburtstag" und "**Party파티**" Umgangssprachliches Register, das unter Jugendlichen verwendet wird.

Beispiel:
Auch in diesem Jahr muss ich wieder *Saeng Pa* ganz allein ... Alles Gute zum Geburtstag für mich!

생선 Saeng Seon   [saeng-sŏn]

"Geburtstagsgeschenk"

Zusammenziehung von "**Saeng** Il 생일 Geburtstag" und "**Seon** Mool 선물 Geschenk" Von Kindern viel benutztes umgangssprachliches Register, das in offiziellen Kontexten wie in Sendungen oder auf Dokumenten nicht verwendet wird. Bedeutet auch "Fisch" (Homonym).

Beispiel:
Hanna: Heute ist mein Geburtstag, ich hoffe, du hast einen *Saeng Seon* gekauft?
Min: Was ist denn? Einen Fisch? Wie wäre es mit einer Makrele?
Hanna: Ein Geburtstagsgeschenk!

쌩유 Ssaeng You   [ssaeng-yu]

"Thank You"

Koreanische Aussprache des englischen "Thank You", die von der Komikerin Yoo Jae Seok in Mode gebracht wurde

Beispiel:
Nachdem die Amerikanerin Lauren 10 Jahre in Korea gelebt hat, ist sie eher daran gewöhnt, *Ssaeng You* zu sagen

사극 Sa Geuk   [sa-gŭk]

"Historisches Drama aus Korea"

Ein Wort, das sich aus den chinesischen Schriftzeichen **"Sa 사 史"** für "Geschichte" und **"Geuk 극 劇"** für "Stück" zusammensetzt. Drama, das als Schauplatz das Korea der Neuzeit (vor 1900) hat. Zu sehen sind Han Bok, die traditionelle koreanische Kleidung, und Han Ok, die traditionellen Behausungen

Beispiel:
Oppa wird in einem *Sa Geuk* einen Prinzen spielen!

삭발 Sak Bal [sak-bal]

"Den Schädel rasieren"

Etwas, das ein männlicher Idol tun muss, bevor er zur
Armee geht. Markiert die Trennung von der Außenwelt.
In Korea kann man **Sak Bal** auch machen, um den
Widerstand bei Demonstrationen zu zeigen.

Beispiel:
Victoria weinte, als sie Oppa mit *Sak Bal* dabei beobachtete, wie sie sich auf ihren Eintritt in
die Armee vorbereitete.

삼촌팬 Sam Chon Fans

"Fan Mann mittleren Alters" [sam-chon-paen]

Wort, das sich aus **"Sam Chon 삼촌"**, was "Onkel" bedeutet, und
"Fan" zusammensetzt. Männliche Fans im Alter von 30 bis 50
Jahren, die weiblichen Idol-Gruppen folgen. Da sie hauptsächlich
Arbeitnehmer sind, werden sie als "Krawattentruppe" bezeichnet.

Beispiel:
Die QT Seven haben viele Ae Gyo und sind reif, daher gibt es Kinder Fans, aber auch *Sam
Chon Fans.*

상남자 Sang Nam Ja [sang-nam-ja]

"Ein sehr männlicher Mann"

Person mit typischen Merkmalen eines Mannes: starker Körper, mentale
Stärke, väterlicher Instinkt usw. Synonym für "Alphamännchen" oder
"Macho" Gegenteil von "Kkot Mi Nam/Flower Boy"

Beispiel:
Mason wollte wie *Sang Nam Ja* wirken und trank zwei
Flaschen So Ju hintereinander, wurde aber zum
Alkoholiker

사생팬 Sa Seng Fan   [sa-saeng-paen]

"Fan, der übermäßig anhänglich ist"

Ein Wort, das sich aus "*Sa Saeng* Hwal 사생활", was "Privatleben" bedeutet, und "**Fan**" zusammensetzt. Diese Fans hängen übermäßig am Privatleben der Idols, sie zeigen eine gefährliche, getriebene Besessenheit, z. B. durch Stalking, Einbruch in die Wohnung der Idols etc.

Beispiel:
JTaemin ist ein schwerer *Sa Seng Fan,* der in die Wohnung des Idols von Girl Group einbricht und persönliche Dinge stiehlt.

Season Greeting

"Sammlung von Produkten, die mit einem Idol in Verbindung stehen"

Wie die Weihnachtskarten (engl. "**Season's Greeting**") zum Jahresende eine Sammlung verschiedener Produkte mit Idol-Bezug, die am Jahresende von den Plattenfirmen für die Fans präsentiert werden. Der Vorverkauf beginnt in der Regel zwischen Ende November und Anfang Dezember. Zu den beliebtesten Artikelkategorien gehören: Kalender, Poster, Photo Cards, DVDs, Aufkleber, Zeitungen, Notizbücher, etc. Der Preis liegt meist um die 30.000 Won (ca. 22 Euro), manchmal aber auch über 50.000 Won (ca. 36 Euro). Viele Fans kaufen sie jedes Jahr, um sie zu sammeln.

Beispiel:
In diesem Jahr würde ich gerne einen *Season's Greeting* von Oppa anstelle der Neujahrskarten erhalten.

세젤예 Se Jel Ye   [se-jel-ye]

"Die Schönste der Welt"

Kontraktion von "**Se** Sang **E** Seo **Je** Il **Ye** Ppeun 세상에서 제일 예쁜 die Schönste auf der Welt" (Anmerkung: "Je Il 제일" zusammengezogen und ausgesprochen "Jel 젤").

Beispiel:
Die Königin: Spieglein, Spieglein an der Wand, wer ist die Schönste?
Der Spiegel: Eure Majestät ist *Se Jel Ye.*
Die Königin: Sehr gut. Ich nenne dich von nun an "Premium-Spiegel"

셀카 Sel Ca   [sel-ka]
"Selfie"

Zusammenzug aus "**Self Ca**mera 셀프 카메라" Durch die Verwendung
verschiedener Anwendungen kann jeder zu "Ul Zzang" werden.

Beispiel:
Auf Heemins Instagram gibt es nur *Sel Cas*. Sie muss wirklich
narzisstisch sein.

선수 Seon Soo   [sŏn-su]
"Womanizer (Schürzenjäger)"

Bezeichnung für eine Person, die sich in einem Bereich
auszeichnet. Wird oft mit "Un Dong 운동 Sport" vor
"**Seon Soo 선수** Spieler" verwendet, um einen Athleten
"운동선수" zu bezeichnen. Bedeutet umgangssprachlich
auch "Schürzenjäger" (weil Aufreißen auch ein Spiel ist?).

Beispiel:
Ray, der jede Frau umhauen kann, indem er sie bearbeitet, ist ein echter *Seon Soo.*

스샷 Seu Shot   [sŭ-shat]
"Bildschirmaufnahme"

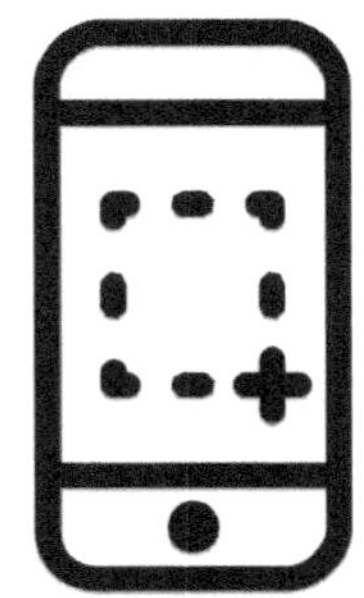

Kontraktion von "Screen **Shot** 스크린 샷" Bezeichnet das
Festhalten eines Computer- oder Smartphone-Bildschirms in
einem Bild.

Beispiel:
Anna: Wow! Schau mal, ich habe eine SMS von Oppa bekommen!
Maud: Was auch immer. Schicke einen *Seu Shot.*

샤방샤방 Sha Bang Sha Bang

"Blendend"   [sha-bang-sha-bang]

Lautmalerei, die das Licht ausdrückt, das von etwas ausgeht (wie z. B. wenn ein Held in einem Drama oder Film in voller Schönheit erscheint).

Beispiel:
Da ich beim Friseur und bei der Maniküre war, bin ich heute wirklich *Sha Bang Sha Bang!*

식신 Shik Shin   [shik-shin]

"Person mit großem Appetit"

Ein Wort, das sich aus den chinesischen Schriftzeichen "**Shik** 식 食" für "essen" und "**Shin** 신 神" für "Gott" zusammensetzt. Eine Person mit einem außergewöhnlichen Appetit und der Fähigkeit, in kürzester Zeit eine große Menge an Nahrung zu sich zu nehmen. Allerdings bedeutet die Tatsache, dass man **Shik Shin** ist, nicht zwangsläufig, dass man dick ist.

Beispiel:
Winnie wiegt nur 40 kg, aber sie kann 100 Sushi essen. Sie ist ein riesiger *Shik Shin.*

심쿵 Shim Koong   [shim-kung]

"Klang eines schlagenden Herzens"

Zusammenziehung von "**Shim** Jang 심장 Herz" und "**Koong** Kwang 쿵쾅 Bumm Bumm" Phänomen, das beobachtet wird, wenn man überrascht wird.

Beispiel:
Mir ist fast mein neues Handy runtergefallen, *Shim Koong!* Ich habe heute Red Velvet gesehen! *Shim Koong!*

신곡 Shin Gok [shin-gok]

"Neues Lied"

Wort, das aus den chinesischen Schriftzeichen "**Shin 신 新**" für "Neuheit" und "**Gok 곡 曲**" für "Lied" zusammengesetzt ist. Von Fanboys/Fangirls am meisten erwartete Sache vor dem Comeback einer Idol-Gruppe.

Beispiel:
Die Fans fragten sich, wie das *Shin Gok*-Konzept von UIUI aussehen würde

신의아들 Shin Ui A Deul [shin-ŭi-a-dŭl]

"Person, die den Militärdienst nicht auf illegale Weise geleistet hat"

Der Militärdienst ist eine der Pflichten eines koreanischen Mannes. Allerdings gehen einige, vor allem diejenigen, die viel Macht in der Gesellschaft haben, mit unangemessenen Mitteln nicht zur Armee. Daher das zusammengesetzte Wort "**Shin 신 神**" für "Gott" und "**A Deul 아들**" für "Sohn", um "Sohn des Gottes" zu bedeuten. Diese Art von Ungleichheit verursacht viele gesellschaftliche Probleme.

Beispiel:
Dana: Warum ist Ronnie nicht in die Armee gegangen?
Russ: Ich weiß nicht, er ist doch gesund.
Dana: Ah, er ist ein *Shin Eui A Deul.*

Showcase

"Öffentliche Aufführung"

Offenes Auftreten vor einem Publikum oder vor Fachleuten, um seine Talente zu zeigen.

Beispiel:
Wacko hatte ein so großes Talent, dass das Vorsprechen für ihn ein *Showcase* war.

Shut Down

"Einschränkung der Nutzung von Online-Spielen"

Als "Aschenputtel-Gesetz" bezeichnete Maßnahme, die die Nutzung von Online-Spielen für Kinder unter 16 Jahren von Mitternacht bis 6 Uhr morgens einschränkt.

Beispiel:
Das Gesetz, das Kinder am meisten hassen, muss wahrscheinlich die Maßnahme *"Shut Down"* sein, oder?

Signing Event

"Veranstaltung, bei der Fans Autogramme geben", "Autogrammstunde"

Veranstaltung, die von Unterhaltungsunternehmen organisiert wird, um die Premiere eines Films oder eines neuen Albums zu feiern. Eine gute Gelegenheit, um die Idols in echt zu sehen.

Beispiel:
Wow. Beim *Singing Event* von EXO sollen über 5.000 Leute gekommen sein.

신상 Shin Sang   [shin-sang]

"Ein neues Produkt"

Zusammenziehung des chinesischen Schriftzeichens **"Shin 신 新"** für "Neuheit" und **"Sang** Poom 상품" für "Produkt" Tödlich für "Early Adopters", die zwanghaft einkaufen (das Gehalt ist im Nu weg).

Beispiel:
Die Freundin: Schatz! Komm, wir gehen zum Mittagessen ins Kaufhaus!
Der Freund: Mittagessen? Du gehst da hin, um *Shin Sangs* zu kaufen!
Die Freundin: Schon gut, gib mir einfach deine Kreditkarte!

Show Me The Money
"Koreanische Fernsehsendung mit Rap-Wettbewerb"

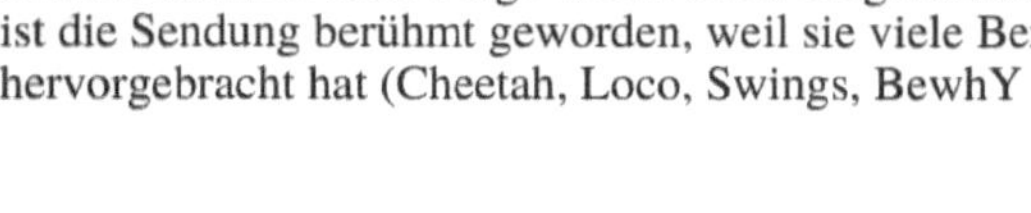

Koreanische TV-Sendung mit Rap-Wettbewerben, die von Mnet ausgestrahlt wird. Die Teilnehmer, die normale Menschen im Wettbewerb sind, führen "Rap-Battles" durch, um zu gewinnen. Bekannte Rapper (Tiger JK, Jay Park usw.) treten darin als Jury und Mentor auf. Die erste Folge wurde 2012 ausgestrahlt, und seitdem ist die Sendung berühmt geworden, weil sie viele Berühmtheiten hervorgebracht hat (Cheetah, Loco, Swings, BewhY usw.).

Beispiel:
Der Sohn: Mama, *Show Me The Money!*
Die Mutter: Ich habe kein Geld.
Der Sohn: Aber nein, mach den Fernseher an! Es läuft *Show Me The Money!*

Skinship
"Körperkontakt"

Konglish für "körperlicher Kontakt"

Beispiel:
Ich habe gekündigt, weil der Chef oft *Skinship* mit mir gemacht hat, das hat mich angewidert.

Slogan
"Spruchband mit dem Namen einer Gruppe oder eines Mitglieds"

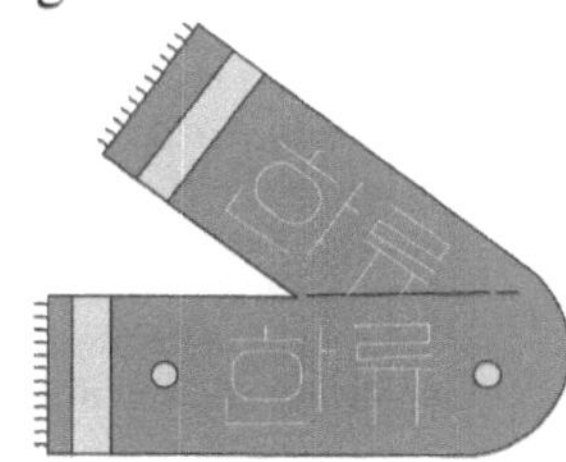

Im lexikalischen Sinne bezeichnet ein Slogan "einen Werbespruch", aber bei K-Pop-Fans bezeichnet er ein Banner mit einem Spruch darauf. Es ist ein Anfeuerungsinstrument, das während der Konzerte von den Fans benutzt wird.

Beispiel:
Im besten Moment des Konzerts holten die Fans ihren *Slogan* hervor und feuerten den Sänger an.

SKY

Die drei renommiertesten Universitäten Koreas.

Neologismus aus den Anfangsbuchstaben der drei renommiertesten koreanischen Universitäten: **S**eoul National University / **K**orea University / **Y**onsei University. Das Alumni-Netzwerk der Universität ist in Korea sehr wichtig für den gesellschaftlichen Erfolg. Daher wollen natürlich die Schüler, aber auch die Eltern, diese Universitäten, aus denen viele Politiker und Geschäftsleute hervorgehen. Das Drama **SKY** Castle, das die Realität des Wettbewerbs und die Ausgaben für Privatunterricht zeigt, um auf die **SKY** zu gehen, ist ein Muss, wenn man die koreanische Gesellschaft verstehen will.

Beispiel:
In *SKY* reinzukommen ist so schwer wie den Himmel zu erreichen.

Small Face

"Ausdruck für ein Kompliment über das Aussehen einer Person"

Koreanisches Kompliment, das von Ausländern oft als seltsam empfunden wird. Man geht davon aus, dass ein kleines Gesicht die Wirkung hat, die Gesichtszüge hervorzuheben und fotogen und jugendlich zu wirken. Aus diesem Grund sagt man, dass die meisten Prominenten ein kleines Gesicht haben. Als einfache Referenz ist ein Gesicht, das man mit einer CD verstecken kann, ein *Small Face*.

Beispiel:
Da Hyoju *Small Face* ist, sieht sie auf Fotos super hübsch aus!

SNS

"Social Media", "soziale Netzwerke"

Kontraktion von "**S**ocial **N**etworking **S**ervice", einem englischen Ausdruck, der in Korea viel häufiger als im Ausland verwendet wird (Anmerkung: Im Ausland wird eher der Ausdruck "social media" verwendet). Facebook, Twitter, Weibo, Instagram usw. gehören dazu. Viele Prominente veröffentlichen unangemessene Inhalte und sind Gegenstand von Klatsch und Tratsch.

Beispiel:
Ein falscher Gebrauch von *SNS* und das Image ist mit einem Schlag ruiniert.

소개팅 So Gae Ting [so-gae-ting]
"Blind Date"

Wort, das sich aus "**So Gae 소개** präsentieren" und "Mee**ting** 미팅 Treffen"
zusammensetzt. Treffen von zwei Personen, die sich nicht kennen, durch
einen Heiratsvermittler, der sie kennt. In Korea ist dies eine beliebte
Methode, um einen neuen Freund/eine neue Freundin kennenzulernen.

Beispiel:
Ich war bei einem *So Gae Ting* und war zu überrascht, weil die
Person auf der anderen Seite zu anders aussah als auf den Fotos.

소주 So Ju [so-ju]
"Traditioneller koreanischer destillierter Alkohol"

Traditioneller Alkohol, der durch Destillation von Körnern
wie Reis, Süßkartoffeln, Kartoffeln usw. hergestellt wird
(Anmerkung: Alkohol aus traditioneller Destillation, der in
hochwertigen Flaschen verkauft wird, ist ein teures
Luxusprodukt. **So Ju**, das in grünen Flaschen verkauft wird,
wie man es in Dramen sieht, ist billiger verdünnter Alkohol).
Es ist nicht nur der beliebteste Alkohol der Koreaner, sondern
auch der meistverkaufte Alkohol der Welt. Der Alkoholgehalt
variiert zwischen 16 und 40 Grad.

Beispiel:
Hey, lange nicht gesehen! Komm, wir trinken ein Glas *So Ju*.

속도 위반 Sok Do Wi Ban [sok-do wi-ban]
"Schwangerschaft vor der Ehe"

Zusammengesetztes Wort aus "**Sok Do 속도** Geschwindigkeit" und
"**Wi Ban 위반** Verstoß" Bezeichnet im Grunde den Verstoß eines
Fahrers gegen die Verkehrsregeln, bedeutet aber metaphorisch "eine
Schwangerschaft vor einer offiziellen Hochzeit" In der konservativ
geprägten koreanischen Gesellschaft galt dies früher als schändlich,
wird jetzt aber beglückwünscht. In K-Dramen: Strategie, die
angewandt wird, um die Eltern des Paares, die gegen eine Heirat sind,
zu überzeugen.

Beispiel:
Bobby: Hey, sie werden heiraten!
Windy: Hul! Kkam Nol!
Bobby: Ich glaube, das ist ein *Sok Do Wi Ban*. Schau dir den Verkauf des Mädchens an.
Windy: Ah, ich glaube, das ist nur Fett.

솔까말 Sol Kka Mal [ssol-kka-mal]

"Ehrlich gesagt"

Zusammenziehung von "**Sol** Jik Hi 솔직히 ehrlich", "**Kka** Not Ko 까놓고 offen" und "**Mal** Hae Seo 말해서 sagt" Wird eher im Internet als in alltäglichen Gesprächen verwendet.

Beispiel:
Sol Kka Mal, es gibt doch keinen schöneren Mann als unseren Oppa, oder?

썸남/썸녀 Some Nam / Some Nyeo

"Person, mit der man ein Date hat" [ssŏm-nam/ssŏm-nyŏ]

Kommt aus dem Englischen "**Som**ething 썸띵 quelque chose" und von "**Nam / Nyeo** 남/녀 Mann/Frau" Bedeutet, dass es "etwas" zwischen zwei Personen gibt. Bezeichnet die Tatsache, dass man Verabredungen hat, ohne offiziell zusammenzukommen.

Beispiel:
Nein, sie ist nicht meine Freundin, sie ist nur eine *Some Nyeo*.

수능 Soo Neung [su-nŭng]

"Prüfung für die Aufnahme an einer Universität"

Eine Prüfung, die alle Oberschüler/innen im letzten Jahr in Korea ablegen müssen, um an einer Universität studieren zu können. Seine Bedeutung in der koreanischen Gesellschaft ist so groß, dass während der Hörtests die Flugzeuge in der Umgebung der Schulen nicht starten/landen dürfen!

Beispiel:
Pff, ich muss gute Noten in der *Soo Neung* haben, um eine gute Uni zu bekommen.

Spazzing
"Den Kopf schwirren haben"

Physisches Phänomen, das auftritt, wenn man ein Idol sieht und von starken Emotionen wie Überraschung oder Freude erfasst wird. In extremen Fällen kann man schreien oder in Ohnmacht fallen.

Beispiel:
Nachdem ich Oppa in echt gesehen hatte, konnte ich vor lauter *Spazzing* nicht mehr laufen.

Spec
"Erleben"

Kommt aus dem Englischen **"Speci**fication" Bezeichnet die Erfahrung, die man in einen Lebenslauf schreibt. In letzter Zeit bemühen sich junge Leute wegen des Mangels an Arbeitsplätzen, verschiedene **Specs** zu bauen, um ihre Wettbewerbsfähigkeit zu erhöhen.

Beispiel:
Pourquoi je n'ai pas eu le poste ? Parce qu'il me manque du *Spec* ?

Spo
"Spoiler"

Kommt aus dem Englischen **"Spoi**ler 스포일러", bezeichnet das Enthüllen des Endes oder der Umkehrung eines Films oder Dramas.

Beispiel:
Hey! Erzähl nicht das Ende! Mach nicht *Spo!*

싸가지 Ssa Ga Ji [ssa-ga-ji]

"Dicker Brute", "Malocher", "Arschloch"

Ausdruck, um auf vulgäre Weise gute Manieren zu bezeichnen, aber auch, um eine unhöfliche Person zu bezeichnen.

Beispiel:
Jenny: Oh, Geld!
Eric: Das ist meins, ich habe es gerade fallen lassen!
Jenny: Wer es findet, darf es behalten!
Eric: Was für ein *Ssa Ga Ji!*

쌍수 Ssang Soo [ssang-su]

"Schönheitschirurgie, um die Augen zu debridieren"

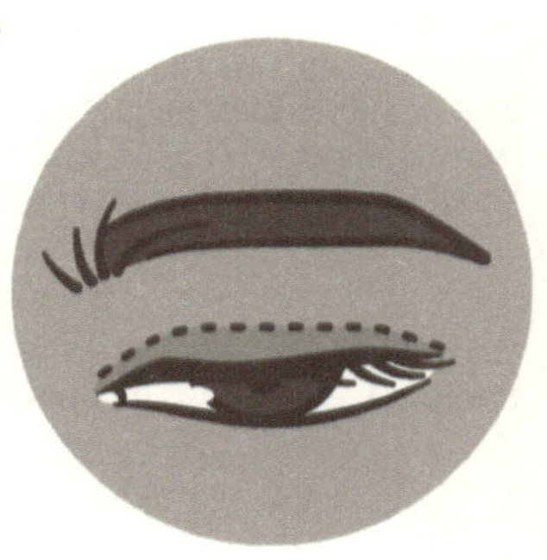

Zusammenziehung von "**Ssang** Keo Pool 쌍커풀 Doppelfalte" und "**Soo** Sool 수술 Operation" Eine der am häufigsten durchgeführten Schönheitsoperationen. Lässt die Augen größer erscheinen und bringt sie besser zur Geltung. Da der Vorgang einfach ist, sprechen manche statt von "Operation" von "Schönheitsbehandlung"

Beispiel:
Man könnte sagen, dass *Ssang Soo* ein einfaches Update ist.

싼티 Ssan Ti [ssan-ti]

"Von schlechter Qualität"

Bedeutet "billig erscheinen", aber auch "von schlechter Qualität" oder "nicht raffiniert oder gut erzogen" Dennoch schaffen es viele Berühmtheiten, dies zu ihrer Figur zu machen und Popularität zu erlangen.

Beispiel:
Berk! Dieses Twerking macht wirklich *Ssan Ti.*

썩소 Sseok So [ssŏk-so]

"Schlechtes Lächeln"

Zusammenziehung von "**Sseok** Eun 썩은 pourri" und "Mi **So** 미소
Lächeln" Lächeln, das nicht ehrlich gemeint ist und erzwungen
wirkt. Wird dadurch charakterisiert, dass nur ein Mundwinkel nach
oben geht.

Beispiel:
Mandy: Angesichts deines *Sseok So*, bist du sauer?
Jilian: Machst du Witze? Du hast gerade mein Auto geschrottet!

Stan

"Ein großer Fan"

Zusammengesetztes Wort aus "**St**alker 스토커" und "**F**an 팬"
Begriff mit abwertender Bedeutung, um einen Fan mit übermäßiger
Bewunderung zu bezeichnen.

Beispiel:
JIch habe die Adresse der Oppas herausgefunden, indem ich einen Privatdetektiv angeheuert
habe ... Aber werde ich jetzt zu einem *Stan?*

Sub Unit

"Kleinere Gruppe, die für ein Projekt gebildet wurde"

Eine kleine Gruppe, die für ein Projekt aus ausgewählten
Mitgliedern einer Gruppe gebildet wird, um andere Fans zu erobern
(wie z. B. den chinesischen, japanischen oder amerikanischen
Markt). Manchmal werden auch neue Mitglieder hinzugefügt.

Beispiel:
Die Band Joa hat eine *Sub Unit* namens Joa English mit
den Mitgliedern erstellt, die gut Englisch sprechen.

선배 Seon Bae [sŏn-bae]
"Person mit mehr Erfahrung in einem Bereich"

———————————————

Wird nach der Klasse in der Schule und nach der
Erfahrung in der Geschäftswelt bestimmt, bezeichnet
eine Person, die vor einem selbst eingetreten ist.
Gegensatz zu Hoo Bae. Hat die Aufgabe, sich um seine
Hoo Bae zu kümmern.

Beispiel:
Seon Bae Nim! Ich werde alles tun, was du von mir verlangst!

Support
"Support-Event"

———————————————

Event, das von K-Pop-Fanclubs ins Leben gerufen wird, um
ihre Zuneigung auszudrücken. Bezieht sich auf Geschenke von
zubereiteten Mahlzeiten oder Hilfe bei der Werbung für ein
Drama oder einen Film, in dem ein Idol mitspielt.

Beispiel:
Um Werbung für den neuen Film zu machen, in dem
die Oppas mitspielen werden, wurde ein *Support*
eröffnet und Flyer verteilt

탈락 Tal Lak [tal-lak]
"Elimination"

———————————————

Ein Begriff, der viel in Wettbewerbssendungen wie
Quizsendungen oder Vorsprechen verwendet wird. In der Serie
O Jing Eo Game 오징어 게임 "Squid Game" bedeutete **Tal Lak**
tatsächlich den Tod.

Beispiel:
Jenny, netter Versuch, aber das Ergebnis ist ... *Tal Lak*.
Versuche es nächstes Jahr noch einmal!

Talent

"Schauspieler in einem Drama"

Kommt vom englischen "Talent", das auf koreanische
Weise ausgesprochen wird und im Konglish so geblieben
ist. Bezeichnet Schauspieler, die in Dramen mitspielen.
Schauspieler, die in Filmen mitspielen, werden als Bae Woo
bezeichnet.

Beispiel:
Inhye: Wow, er sieht super gut aus! Ist das ein Bae Woo?
Yong: Nein, er ist ein *Talent*. Er spielt in dem Drama "Du bist mein Gwi Yeo Mi.

Team Kill

"Verursache Schaden an deinem Team"

Stammt aus Online-Kriegsspielen. Das Schießen auf
jemanden aus dem eigenen Team, um ihn zu verletzen
oder zu töten. Bezeichnet "**Team Kill**" im Englischen.
Bezeichnet im Alltag die Tatsache, dass man ein
Mitglied seines Teams durch unbedachte Worte oder
Handlungen in Verlegenheit bringt.

Beispiel:
Juno hat im Fernsehen gesagt, dass bei ihrem letzten Konzert in Wirklichkeit alle Mitglieder
Playback gespielt haben. Das ist *Team Kill.*

Teaser

"Vorschau-Video"

Ein Video oder Lied, das absichtlich unvollständig ist, um
die Neugier und Aufmerksamkeit der Zuschauer zu wecken,
und das von den Unterhaltungsunternehmen vor der
offiziellen Veröffentlichung des Werks gezeigt wird.

Beispiel:
Drei Tage vor der Veröffentlichung des Albums
präsentierten sie einen 20-sekündigen *Teaser*.

Teaser Pics

"Teaser Photo"

Fotos auf dem Cover eines Albums oder Concept-Fotos der Mitglieder, die von den Plattenfirmen gezeigt werden, bevor ein Album auf den Markt kommt.

Beispiel:
Xee Xee zeigte der Öffentlichkeit 10 *TeaserPics* vor der Veröffentlichung seines Albums, die erfolgreich waren.

특종 Teuk Jong   [tŭk-jong]

"Scoop"

Wovon alle Journalisten träumen. Da die meisten jedoch schockierende Nachrichten wie Skandale oder plötzliche Auflösungen von Bands sind, wollen Fanboys/Fangirls nicht, dass ihr Lieblings-Idol Gegenstand von **Teuk Jong** wird.

Beispiel:
Das ist ein *Teuk Jong*! Jody und Justin gehen miteinander aus!

Title Track

"Der wichtigste Song auf einem Album"

Von den Liedern in einem Album ist das Lied, um das es bei der Veröffentlichung hauptsächlich geht. Wird von einem Musikvideo begleitet.

Beispiel:
Der *Title Track* dieses Albums ist der dritte Song "Ah, je m'ennuie"

Trainee

"Person, die ein K-Pop Idol werden will"

Person, die eine harte Ausbildung durchläuft, um ein K-Pop Idol zu werden. Manchmal kann die Lehrzeit mehr als 10 Jahre dauern, ohne dass eine Garantie für ein Debüt besteht.

Beispiel:
Bevor High Yo ein Star wurde, war er acht Jahre lang *Trainee.*

Triple Crown

"3 Wochen hintereinander den ersten Platz in den Charts einer Musiksendung belegen"

Nachdem man 3 Wochen in Folge den 1. Platz belegt hat, wird man aus den Charts ausgeschlossen (nicht zu verwechseln mit dem Belegen des 1. Platzes in 3 verschiedenen Sendungen).

Beispiel:
Wow! Die Oppas waren zwei Wochen hintereinander auf Platz 1! Noch eine Woche und es ist die *Triple Crown!*

Too Much Talker

"Schwätzer"

Person, die ununterbrochen redet, ohne zu stoppen. Dies ist auch der Spitzname von Park Chan Ho 박찬호 Baseballspieler in der amerikanischen Major League (wenn er zu reden beginnt, wird selbst ein kleines Interview zu einer endlosen Rede).

Beispiel:
Unser Lehrer ist ein *Too Much Talker*, also redet er die ganze Stunde über sein Leben.

트로트 Trot   [tŭ-ro-tŭ]

"Eine beliebte Musikrichtung in Korea"

Die älteste Musikrichtung in Korea. Er entstand unter dem Einfluss der japanischen Volksmusik Enka, der Name leitet sich vom englischen "Foxtrot" ab, einem amerikanischen Tanz. Er ist auch unter dem Namen "Ppong Jjak 뽕짝" bekannt, einer Onomatopöie, die seinen besonderen Rhythmus imitiert. Er hatte das Image von "Musik, die alte Leute hören", allerdings ist er vor kurzem wieder in Mode gekommen, indem er von jungen Sängern wie Jang Yoon Jeong 장윤정 adaptiert wurde.

Beispiel:
Ich dachte, dass nur ältere Leute *Trot* hören, aber tatsächlich gibt es viele Lieder, die jetzt sehr jung klingen.

얼짱 Ul Jjang / Ul Zzang   [ŏl-jjang]

"Der Schönste / die Schönste"

Ein Wort, das sich aus "**Eol** Gool 얼굴 Gesicht" und "**Jjang** 짱 das Beste" zusammensetzt. Es berücksichtigt nur das Gesicht, man kann also dick sein und trotzdem **Ul Jjang** sein.

Beispiel:
Wenn du die Technik der Selfies beherrschst, kannst du auch *Ul Jjang* werden und die Leute reinlegen.

엄친아 / 엄친딸 Um Chin A / Um Chin Ddal

"Fiktive Figur, die in allen Bereichen gut ist"   [ŏm-chin-a / ŏm-chin-ttal]

Zusammenzug aus "**Eom** Ma 엄마 Mama", "**Chin** Gu 친구 Freund/Freundin" und "**A** Deul/**Ddal** 아들/딸 Sohn/Tochter" Fiktive Figur, die von Müttern erfunden wird, um ihre Kinder dazu zu bringen, sich anzustrengen.

Beispiel:
Die Mutter: Die Tochter einer Freundin hat mit 12 Jahren einen Universitätsabschluss gemacht und einen Job bekommen! Und du, mein Sohn, was machst du?
Der Sohn: Ach ja? Wie heißt sie denn? Sie ist eine echte *Um Chin Ddal!* Gibt es sie wirklich?
Die Mutter: Sie heißt ... Äh ... Ich kann mich nicht mehr daran erinnern! Auf jeden Fall gibt es sie! Also konzentriere auch du dich auf deine Ausbildung!

엄마 Um Ma / Eom Ma   [ŏm-ma]

"Ma"

Auch das, was man ruft, wenn man überrascht ist.

Beispiel:
Um Ma! Ich bin fast in eine Katastrophe geraten! Ich muss mich beim Autofahren mehr konzentrieren.

언니 Un Nie / Eon Ni   [ŏn-ni]

"Eine ältere Schwester"

Wird von einer Frau verwendet, um eine ältere Schwester anzusprechen. Kann auch verwendet werden, wenn es sich um jemanden handelt, der nicht zur Familie gehört. Es kann jedoch unhöflich sein, wenn es bei einer Person verwendet wird, die man nicht kennt, ohne sie um Erlaubnis zu fragen. In letzter Zeit wird es auch verwendet, um Kellnerinnen in Restaurants anzusprechen. (Anmerkung: Die offizielle Schreibweise ist Eon Ni, aber die englischsprachigen Fans schreiben Unnie).

Beispiel:
Die Kundin: *Unnie*, wir möchten etwas bestellen!

V Line

"Ein Kinn mit feinen Zügen"

Die feinen Züge des Kinns, die an den Buchstaben V erinnern. Die **V Line** lässt das Gesicht schmaler wirken. Dieses Wort bezieht sich auf "Small Face"

Beispiel:
Da ich viele Diäten gemacht habe, sieht man endlich meine *V Line.*

V Live

Application de smartphone (créée par Naver) sur laquelle on peut regarder les diffusions privées des Idols.

Smartphone-App (erstellt von Naver), auf der man sich die privaten Übertragungen der Idols ansehen kann. Man kann einem Idol folgen und mit den Fans chatten, auf Herzen drücken und seine Emotionen teilen. Der Benachrichtigungsalarm sollte immer eingeschaltet sein, denn es kann vorkommen, dass Liveshows ohne Ankündigung stattfinden.

Beispiel:
Gestern im Morgengrauen hat Oppa einen *V Live* Stream gemacht und da ich die einzige Teilnehmerin war, war es ein 1 zu 1 Chat! Ich dachte, ich würde träumen!

VIP

"Der offizielle Big Bang Fanclub"

Dies ist auch ein Titel der zweiten Single von Big Bang. Der Fanclub verwendet als Symbole einen gelben Light Stick und ein Bandana. Er gewann 2012 den Preis für den "Best Fan" auf TRL von MTV Italien.

Beispiel:
Jenny: Ich bin *V.I.P.!*
Hoang: Was ist so besonders an dir?
Jenny: Nein, ich bin Mitglied im Big Bang Fan Club

Visual

"Physical"

Bezeichnet das Aussehen einer Person, insbesondere das Gesicht.

Beispiel:
Jaeho, der der Schönste in der Gruppe ist, ist für das *Visual* zuständig.

Vimamin
"Energiequelle"

Wird als "happy virus" verwendet. Bezeichnet das Mitglied,
das der Gruppe gute Energie und Vitalität verleiht.

Beispiel:
Der Maknae der Gruppe, Marcus, ist das *Vitamin*,
weil er vor Energie strotzt.

왜? Wae? [wae]
"Warum?"

Ausdruck, der verwendet wird, um nach der Ursache
zu fragen. Das, was am häufigsten nach einer
Trennung gesagt wird.

Beispiel:
Sie hat mich abserviert, aber *Wae, Wae, Wae?*

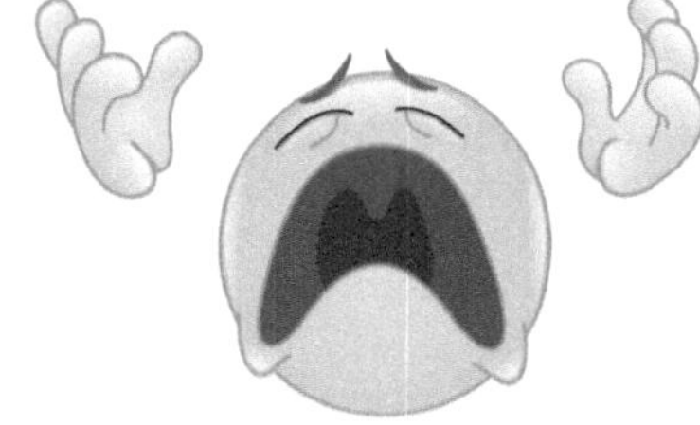

완소 Wan So [wan-so]
"Das Wertvollste, was wir haben"

Zusammenziehung von "**Wan** Jeon 완전 vollständig" und
"**So** Joong Han 소중한 wertvoll" Ausdruck, der verwendet
wird, um auszudrücken, dass man etwas schätzt.

Beispiel:
Ich habe ein neues iPhone gekauft. Es ist wirklich *Wan So.*
Ich werde es bis zu meinem Tod in Ehren halten.

왕따 **Wang Dda** [wang-tta]

"Ein Ausgeschlossener"

Eine Person, die aus einer Gemeinschaft ausgeschlossen wird, oder die Tatsache, dass jemand aus einer Gemeinschaft ausgeschlossen wird. Dies ist ein großes Problem in der Schule, aber auch in der Geschäftswelt

Beispiel:
Hong Soo, der ein nordkoreanischer Flüchtling ist, war anfangs ein *Wang Dda*, aber er wurde zu einem wichtigen Mitglied der südkoreanischen Gesellschaft

White Day

"Tag, an dem Männer den Frauen Schokolade schenken"

Am 14. März. Ein Mann, der am Valentinstag Schokolade geschenkt bekommen hat, muss an diesem Tag Schokolade zurückgeben. Es ist auch ein Tag, an dem er der Frau, die er liebt, eine Erklärung abgeben kann.

Beispiel:
Valentinstag, *White Day*, ich möchte, dass das alles verschwindet... Fürs Protokoll: Ich bin Mo Tae Solo...

월요병 **Wol Yo Byeong** [wŏl-yo-byŏng]

"Lohnarbeiter-Syndrom"

Ein Wort, das sich aus "**Wol Yo Il** 월요일 Montag" und "**Byeong** 병 Krankheit" zusammensetzt. Gefühl der Schwere und Hilflosigkeit, das alle Beschäftigten am Montagmorgen nach einem tollen Wochenende empfinden.

Beispiel:
Ah ... *Wol Yo Byeong* ... Ich möchte am liebsten gar nichts tun. Das liegt daran, dass ich mein Wochenende zu sehr genossen habe.

우결 Woo Gyeol [u-gyŏl]

"Programm für eine Scheinhochzeit"

Zusammenziehung des Namens der erfolgreichen MBC-Sendung:
"**Woo** Ri **Gyeol** Hon Haet Sseo Yo 우리 결혼했어요 Wir haben geheiratet" Die Sendung zeigt zwei Prominente, die ein falsches Leben als verheiratetes Paar führen.

Beispiel:
Tim: Hul! Jenna und Minho werden heiraten!
Anna: Ist das wahr?
Tim: Nein, in *Woo Gyeol!*
Anna: Du hast mich erschreckt!

움짤 Woom Jjal (Um Jjal) [um-jjal]

"Fotodatei, die sich bewegt"

Zusammenziehung von "**Woom** Jik I Neun 움직이는, die sich bewegt" und "**Jjal** Bang 짤방 Löschverhinderung" In koreanischen Internetforen gab es ein System, bei dem ein Beitrag gelöscht wurde, wenn er kein Foto enthielt. Bezeichnet die Bilddatei, die hinzugefügt wurde, um eine Löschung zu verhindern. Unter den Bilddateien sind **Woom Jjals** GIFs, in der Regel NGs von Idols oder Sexy Dance.

Beispiel:
Das derzeit beliebteste *Woom Jjali* st das GIF von Brians Comic Dance.

World Star

"Star mit internationaler Popularität"

Bezeichnet Stars, die weltweit und nicht nur in Asien bekannt sind, z. B. BTS, Psy, Lee Byeong-Heon.

Beispiel:
May Kim steht auf Platz 1 der Billboard Charts! Dae Bak! Ein echter *World Star!*

야! Ya! [ya]

"Hey!"

Wird verwendet, um die Aufmerksamkeit von jemandem zu erregen. Nicht bei einer älteren Person oder einer Person, die du nicht kennst, verwenden (man könnte ausgeschimpft werden oder Konflikte verursachen).

Beispiel:
Jenna: *Ya!*
Mark: Ja? Kennst du mich überhaupt?
Jenna: Oh, tut mir leid, ich dachte, du wärst Minho.

야동 Ya Dong [ya-dong]

"Pornovideo"

Zusammenzug aus "**Ya** Han 야한 erotisch" und "**Dong** Yeong Sang 동영상 Video" Normalerweise speichern die Leute es in einem Ordner mit einem Titel, der nichts mit dem Inhalt zu tun hat, um nicht entdeckt zu werden.

Beispiel:
Es gibt zwei Arten von Menschen auf dieser Welt. Diejenigen, die sich *Ya Dongs* ansehen, und diejenigen, die behaupten, sie würden sie nicht ansehen.

양다리 Yang Da Ri [yang-da-ri]

"Mit zwei Personen gleichzeitig ausgehen"

Zusammengesetztes Wort aus "**Yang** 양 double" und "**Da Ri** 다리 jambe" Bedeutet "ein Bein auf jeder Seite haben", d. h. eine heimliche Liebesbeziehung außerhalb der Partnerschaft haben.

Beispiel:
Timmy machte *Yang Da Ri* und verlor beide.

예능 Ye Neung [ye-nŭng]

"Unterhaltungssendung mit leichtem Thema"

Bezeichnet Fernsehsendungen wie Talkshows oder Comedy-Programme, die formlos sind und bei denen die Unterhaltung im Mittelpunkt steht. Eine gute Gelegenheit für Idols, ihren Charme zu zeigen.

Beispiel:
Ich hätte nicht gedacht, dass Mingo sich in einem *Ye Neung* so gut ausdrücken kann, er ist ein eher stiller Mensch.

예헷 Ye Het [ye-het]

"Gut!"

Ausruf, den Oh Sehun, ein Mitglied von EXO, verwendet, wenn er zufrieden ist.

Beispiel:
Ah! Ich habe meine Hausaufgaben gemacht! *Yehet!*

여보 Yeo Bo [yŏ-bo]

"Mein Herz"

Appellativ, das zwischen Ehemann und Ehefrau verwendet wird.

Beispiel:
Ich werde meinen Oppa heiraten! *Yeo Bo,* ich liebe dich!

여보세요 Yeo Bo Se Yo   [yŏ-bo-se-yo]

"Hallo"

Stammt aus der Kombination von "**Yeo** Gi 여기 hier" und
"**Bo Se Yo** 보세요 schau" Interjektion, die nur bei
Telefongesprächen verwendet wird. (Kein Zusammenhang
mit dem zuvor beschriebenen Ausdruck Yeo Bo).

Beispiel:
Bubba: *Yeo Bo Se Yo?* Ich bin ein Freund von Mary, ist Mary hier?

열도 Yeol Do   [yŏl-do]

"Die Japan"

Kommt von "**Yeol Do** 열도 Archipel" Von koreanischen Internetnutzern
verwendetes Wort für Japan (Japan ist ein Land, das aus Archipelen
besteht). Wird in der Form "etwas von **Yeol Do**" verwendet, z. B. "eine
Erfindung von **Yeol Do**", um "eine japanische Erfindung" zu sagen.

Beispiel:
In Korea gibt es K-Pop und in *Yeol Do* J-Pop und Animes.

역주행 Yeok Ju Haeng   [yŏk-ju-haeng]

Die Tatsache, dass ein Lied, das vor langer Zeit veröffentlicht
wurde, wieder an Popularität gewinnt.

Die Tatsache, dass ein Lied, das ohne Erfolg der Öffentlichkeit
vorgestellt wurde und in Vergessenheit geriet, durch Zufall
wieder an Popularität gewinnt. Was wie ein Auto aussieht, das
"**Yeok Ju Haeng** 역주행 entgegen der Fahrtrichtung fährt",
woher der Ausdruck stammt. Das gilt z. B. für ein Video von
"Up & Down" von EXID, das ein Fan bei einem Youtube-
Konzert gefilmt hat und das ein durchschlagender Erfolg wurde,
oder für "Rollin" von Brave Girls, das von einem Youtuber
präsentiert wurde und dadurch einen späten Erfolg hatte.
Darüber hinaus gibt es auch Popularität, die durch CFs oder
Filme gewonnen wird.

Beispiel:
Yong Soo sah, dass EXID *Yeok Ju Haeng* macht und verursachte einen schweren Unfall, als
er versuchte, es ihm auf der Autobahn gleich zu tun.

열공 Yeol Gong   [yŏl-gong]

"Fleißig studieren"

Zusammenziehung von "**Yeol** Shim Hi 열심히 fleißig" und
"**Gong** Boo Ha Gi 공부하기 studieren"

Beispiel:
Morgen ist Prüfung! Ich muss unbedingt *Yeol Gong* machen.

열정페이 Yeol Jeong (Pay)   [yŏl-jŏng-pe-i]

"Ausbeutung von Arbeitern"

Zusammengesetztes Wort aus "**Yeol Jeong** 열정
Passion" und "**Pay** 페이 Zahlung" Bezeichnet die
Tatsache, dass einige schlechte Arbeitgeber
leidenschaftliche junge Menschen, die Schwierigkeiten
haben, einen Job zu finden, ausnutzen, um sie
einzustellen und mit einem sehr niedrigen Lohn
auszubeuten.

Beispiel:
Ich habe 100 Stunden gearbeitet und keine Bezahlung erhalten. Aber der Chef
sagte, das sei *Yeol Jeong Pay* und ich solle ihm danken, weil er mir geholfen
habe, Erfahrungen zu sammeln. Traurigkeit ...

열폭 Yeol Pok   [yŏl-pŏk]

"Explosion von Minderwertigkeitskomplexen"

Zusammenziehung von "**Yeol** Deung Gam 열등감
Minderwertigkeitskomplex" und "**Pok** Bal 폭발 Explosion"
Wird durch Eifersucht verursacht, weil man denkt, dass der
andere überlegen ist.

Beispiel:
Ronda : Sieht die Frisur von Jenny nicht aus wie eine Perücke?
Sie hat bestimmt ihr Kleid in den Kaufhäusern gestohlen. Und
ihre Chanel-Tasche ist mit Sicherheit eine Fälschung!
Darren: Ah... Mach nicht auf *Yeol Pok.*

연습 Yeon Seup [yŏn-sŭp]

"Training"

Obligatorische Passage für einen Trainee, der ein K-Pop Idol werden will, bevor er sein Debüt gibt. Bezeichnet das Entwickeln und Perfektionieren verschiedener Talente wie Singen, Tanzen, Schauspielern usw.

Beispiel:
Für das heutige Konzert habe ich drei Monate *Yeon Seup*-Tanztraining absolviert.

연예인 Yeon Ye In [yŏn-ye-in]

"Künstler"

Zusammengesetztes Wort aus "**Yeon Ye 연예** die darstellenden Künste" und **"In 인 Person"** Allgemeiner Begriff, der für Personen verwendet wird, die in der Welt der darstellenden Künste arbeiten, wie Sänger, Schauspieler, Tänzer usw. In Korea bezieht sich der Begriff auch auf Prominente.

Beispiel:
Die Kinder von heute wollen alle **Yeon Ye In** werden.

용꿈 Yong Kkum [yong-kkum]

"Gutes Omen"

Zusammengesetztes Wort aus "**Yong 용** Drache" und "**Kkum 꿈** Traum" Die Koreaner glauben, dass ein Traum, in dem ein Drache, ein heiliges Tier, vorkommt, Glück bringt. Deshalb heißt es, dass man Lotto spielen soll, wenn man von einem Drachen träumt.

Beispiel:
Ich habe letzte Nacht von G-Dragon geträumt, ist das auch ein *Yong Kkum?*

유혹 Yoo Hok [yu-hok]

"Verführung"

Ursache für Konflikte in jedem Drama. Das Element, das die "Love Line" verkompliziert.

Beispiel:
Man kann alles verlieren, Geld und Ehre, wenn man dem *Yoo Hok* leicht erliegt.

19금 / Ship Gu Geum [ship-gu-gŭm]

"Für Minderjährige verboten"

Ein Wort, das sich aus "**19 Ship Gu**" und dem chinesischen Schriftzeichen "**Geum** 금 禁" für "verboten" zusammensetzt. Bedeutet "für Minderjährige verboten", da in Korea die Volljährigkeit bei 19 Jahren liegt. Wenn in Unterhaltungssendungen über obszöne Dinge gesprochen wird, wird oft davor gewarnt, dass es sich um **19 Geum** handelt.

Beispiel:
Was ich gestern Abend gemacht habe? Ähm... Das ist *19 Geum*, darf ich das sagen?

4D

"Eine skurrile und originelle Person"

Kommt aus dem Englischen "**4th Dimension**" für "vierte Dimension" und bezeichnet eine skurrile und originelle Person, die in einer anderen Dimension zu leben scheint.

Beispiel:
Mizu führte eine Performance auf, bei der sie Springseil sprang und dabei sang. Sie ist wirklich *4D!*

5-Year Curse / 7-Year Curse

"Der Fluch der 5-/7-Jährigen"

Aberglaube, dass sich beliebte Gruppen, die 5 Jahre alt werden (H.O.T., Big Bang, DBSK, Shinhwa, Super Junior usw.), auflösen oder ein Unglück erleben, aber in Wirklichkeit ist die Laufzeit vieler Idol-Verträge auf 7 Jahre festgelegt, so dass es häufiger vorkommt, dass sich die Gruppen nach 7 Jahren auflösen (und früher lag die Laufzeit bei 5 Jahren, daher der 5-Jahres-Fluch). Entscheidend ist, dass unabhängig von der Anzahl der Jahre, in denen die Band aktiv ist, alle 5 Jahre/7 Jahre eine Vertragsverlängerung ansteht.

Beispiel:
Tomi: Scoop! Cutie Club hat sich gerade aufgelöst!
Yena: Oh mein Gott ... Der *5-Year Curse*, der war echt!

1004   [chŏn-sa]

"Engel"

Da die Aussprache der Zahl "**1004**" und die Aussprache des Wortes "Cheon Sa 천사 Engel" identisch sind, ist "**1004**" eine Schreibweise für "Engel"

Beispiel:
Min Ho: Hey, du hast einen Anruf bekommen! Das war eine Nummer, die auf *1004* gespeichert ist, war das deine Freundin?
Won Gyu: Ah... Ja meine Freundin hat mir gesagt, dass ich sie so speichern soll... Aber es ist eher der Teufel...

ㄱㄱ

"Schnell!", "Los geht's!"

Chat-Begriff aus dem englischen "Go Go", das ins Koreanische mit "고고" transkribiert wurde und von dem nur die Konsonanten ㄱㄱ übrig geblieben sind. Wird meist bei Online-Spielen oder in Chats verwendet, um den Gesprächspartner zu bedrängen.

Beispiel:
((SMS von Freund 1) Hey! Hast du Lust, in den Urlaub zu fahren?
(Textnachricht von Freund 2) Lass uns sofort loslegen! ㄱㄱ *!*

 ㄱㅅ

"Danke"

In Chats verwendeter Begriff, der von den Konsonanten ㄱㅅ
aus "**Gam Sa 감사** danke" kommt.

Beispiel:
(SMS des großen Bruders) Ich habe dir zwei Stücke Pizza im
Kühlschrank gelassen.
(Text des kleinen Bruders) ㄱㅅ.

 ㄴㄴ

"Nein Nein"

Aus dem englischen "**No No**" ins Koreanische transkribiert
"노노", von dem nur die Konsonanten ㄴㄴ übrig geblieben
sind, ein Ausdruck, der im Internet für die Verneinung
verwendet wird.

Beispiel:
(SMS von Jenny) Gehen wir ins Kino?
(Marks Antwort) ㄴㄴ. Ich muss arbeiten.

 ㅆㅂ

"Fuck", "Scheiße!"

Kommt von der koreanischen Beleidigung "**Sshi Bal 씨발** Scheiß", von
der nur die Konsonanten ㅆㅂ übrig geblieben sind, um online ein starkes
Gefühl auszudrücken.

Beispiel:
(Brads Texto) ㅆㅂ! Ich habe meine Hausaufgaben nicht gemacht!
(Text von Jen) Du sitzt ganz schön in der Scheiße!

ㅇ ㅇ

"Ja Ja"

Kommt von dem Ausdruck **"Ung Ung 응응 ja ja"** einer positiven Antwort, von der nur die Konsonanten ㅇ ㅇ beibehalten wurden.

Beispiel:
(Sara textet) Hast du schon gefrühstückt?
(Marks Antwort) ㅇ ㅇ

ㅋㅋㅋ / ㅎㅎㅎ

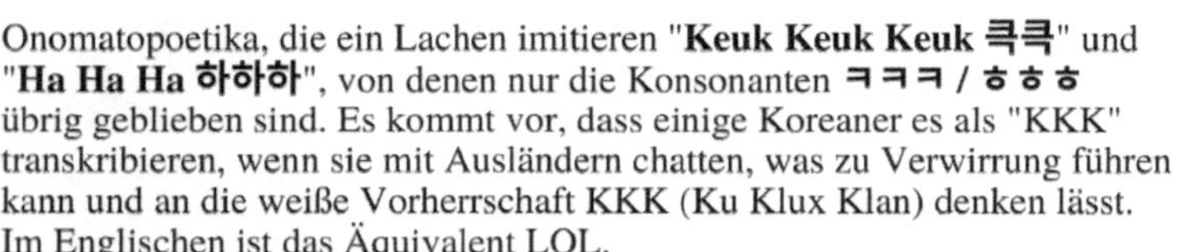

"Lacht", "LOL"

Onomatopoetika, die ein Lachen imitieren **"Keuk Keuk Keuk 큭큭"** und **"Ha Ha Ha 하하하"**, von denen nur die Konsonanten ㅋㅋㅋ / ㅎㅎㅎ übrig geblieben sind. Es kommt vor, dass einige Koreaner es als "KKK" transkribieren, wenn sie mit Ausländern chatten, was zu Verwirrung führen kann und an die weiße Vorherrschaft KKK (Ku Klux Klan) denken lässt. Im Englischen ist das Äquivalent LOL.

Beispiel:
Er ist so lustig, dass wenn man mit ihm chattet, nur ㅋㅋㅋ herauskommt.

T_T

"Weinend"

Emoji, das ein weinendes Gesicht darstellt.

Beispiel:
Was soll ich nur tun! Ich habe meine Brieftasche verloren *T_T*

Einfaches Koreanisch für Anfänger : Komplettes Selbststudium-Programm

Es ist nicht überraschend, dass es beim Erlernen einer Sprache ganz ähnlich ist. Unser Buch, wie der Titel Einfaches Koreanisch für Anfänger : Komplettes Selbststudium-Programm schon andeutet, ist so konzipiert, dass jeder, auch ein absoluter Anfänger ohne jegliche Koreanisch-Kenntnisse, die Grundlagen der koreanischen Sprache anhand unserer Schritt-für-Schritt-Kurse mit zusätzlichen Quizfragen selbständig erlernen kann.

KONVERSATIONEN AUF KOREANISCH
Lernen Sie über 1.400+ Koreanisch-Ausdrücke aus 21 Themen Schnell und Einfach
Apprenez rapidement et facilement plus de 1 400 expressions coréennes